運動ぎらいでもOK!

12歳までの最強トレーニング

谷 けいじ
Keiji Tani

実業之日本社

はじめに

地元の香川県で子どもの運動指導をしていた頃、僕はコウタ君という一人の小学生に出会いました。

体が小さくて、引っこみ思案で、どちらかというと〝かわいらしい〟イメージの男の子。そのコウタ君が、お母さんに手を引かれて僕のスクールにやって来たのは10歳の時です。運動があまり得意ではなく、学校ではクラスメートにからかわれることもあったと聞きました。

さっそく本書に掲載されているようなエクササイズを始めました。できないことがあっても、コウタ君は1つ1つ頑張って続けてくれました。ある程度できるようになると、今度は「走る」「投げる」「跳ぶ」といった動きを体験してもらいます。すると、すぐにちょっとした側転もできるようになり、メキメキと運動能力をのばしていきました。

半年ほどすると、姿勢がよくなり、表情にも変化が表れました。心に自信が芽生えてきたのでしょう。うれしいことをいってくれました。

「今まで自分を仲間はずれにしていた子が、今では一番仲がいい友だちになったよ」

小学校を卒業する頃には、バク転までできるようになっていました。

ある日、コウタ君のお母さんが僕に話してくれました。

「ここに来た頃のコウタは、学校に行くのも嫌がるような子でした。だけど、谷さんといっしょに運動をするようになって、いろいろなことができるようになった。性格もどんどん明るくなって、友だちもたくさんできるようになりました」

中学生になったコウタ君は、サッカー部に入って今もバリバリ頑張っています。

僕がモットーにしてきた言葉があります。

「体が変われば人生が変わる」

そのことを、コウタ君が証明してくれました。

もちろん、これはコウタ君に限った話ではありません。誰にでも、自分の人生を変えることができるのです。すべての子どもが持っている可能性は無限大。エクササイズは、子どもたちの人生を手助けする1つのきっかけにしかすぎないのです。

本書に掲載されているエクササイズは、難しい動きが少ないのも大きな特徴です。時間もそれほどかからず、誰でも楽しみながらできるでしょう。もちろん、1つ1つの動きに意味があり、「走る」「跳ぶ」「投げる」の動きをよりスムーズに身につける効果があります。

1つだけ、僕からお願いがあります。

できるようになったお子さんを、めいっぱいほめてあげてください。自分に自信を持ち、ますます意欲を高めてくれるに違いありません。

そして、何より大切なのは、親子でいっしょに体を動かすことです。

さあ、みなさんも、今日からさっそく始めてください。

お悩み
Q&A

Q.1

小学校2年生の息子は運動が苦手です。
私も運動音痴なので
しかたないのでしょうか？

A.

はじめから
運動が
苦手な子どもは
いません！

たしかに遺伝的な要因はあります。ただし、それは筋肉の質や骨格など生まれ持った性質のこと。そのため、将来的には「マラソンが苦手」「サッカーは得意」といった競技の適性は出てくるかもしれません。

しかし、練習で培った技術やトレーニングで身につけた成果は遺伝しません。つまり、運動能力はその人が育った環境によって、発達の度合いが大きく変わってくるのです。これらを前提に話を進めると、運動が得意か苦手かは、運動を「しているか」「していないか」によるといえます。

ある調査によると、運動が「苦手」だという子どもは多いけど、運動が「嫌い」という子どもは少ないそうです。最近は家庭や地域の事情によって、子どもの遊び場が少なくなっています。そのため、「走り方を知らない」「ボールの投げ方を知らない」といった子どもが増えてきました。

体の動かし方を知れば、運動能力はどんどんアップします。すべての子どもに、運動が得意になる可能性があるのです。

お悩み
Q&A

Q.2

運動ができるようになって将来の役に立つのでしょうか?
勉強をさせたほうがいいような気がします。

A.

子どもの頃に運動ができると学力の向上が望めます!

運動が将来の役に立つことはたくさんあります。

それを証明するこんな例があります。アメリカのある学区で1時間目の授業の前に「0時間体育」を取り入れたところ、生徒の成績が大きくのびたそうです。特に顕著だったのが1時間目の教科で、運動と脳の密接な関係を示す結果が表れました。

では、なぜ子どもの頃から運動ができるようになっておくと学力が向上するのか。1つは適切な筋肉がつくことで、正しい姿勢が取れるようになります。それによって、呼吸が深くなり、十分な酸素を脳に取りこむことができます。記憶力もアップし、学力向上につながるのです。

また、友だちといっしょに体を使って遊ぶことで、コミュニケーション能力を高めることができます。想像力を育み、考える力も養えるでしょう。ルールを守ることで、協調性を身につけることもできます。

加えて、子どもの頃から体をきたえる習慣があると、大人になった時に生活習慣病にかかりにくいといわれています。

まさにいいこと尽くめ。子どもの頃に運動をしておいて、役に立たないことは何もないのです。

結論
CONCLUSION

本書を読んでトレーニングすれば、
お子さんの可能性がグンっと高まります！
まずは、かんたんなエクササイズからはじめて、
体も心も楽しくきたえましょう!!

本書の使い方

1章

トレーニングをはじめる前の基礎知識として、子どもの成長や必要なトレーニングについて解説しています。2章と3章を読む前にお読みください。

2章

運動神経をのばすための、体の土台づくりにあたります。やわらかく、ゴムのようにのびのびした体をつくるためのトレーニングを解説しています。

重要な動きのポイントや、やってはいけないことの解説

トレーニングの種類。「三軸体操」「モビリティとスタビリティ」「腹圧」のいずれか

このトレーニングの効果やできるようになること

3ステップの具体的な動き

お父さんお母さんへのアドバイス

3章

「走る」「跳ぶ」「投げる」という、3つの基本的な運動動作ができるようになるためのトレーニングを解説しています。運動神経をのばす実践的な内容です。

重要な動きのポイントや、やってはいけないことの解説

トレーニングの種類。「走る」「跳ぶ」「投げる」のいずれか

このトレーニングの効果やできるようになること

3ステップの具体的な動き

お父さんお母さんへのアドバイス

もくじ

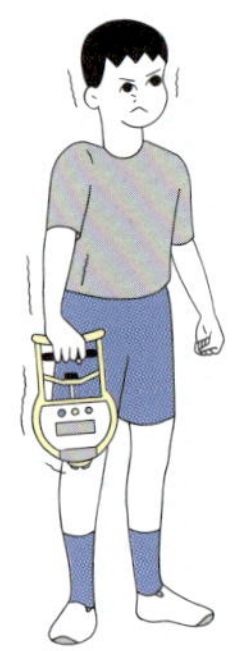

CHAPTER ③ 運動神経をのばす ボディコーディネーショントレーニング

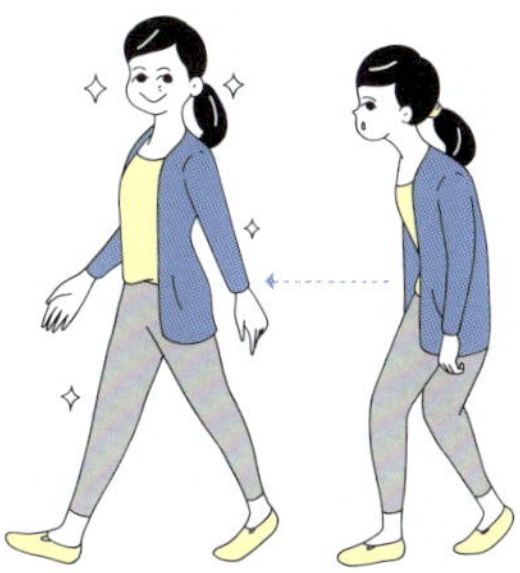

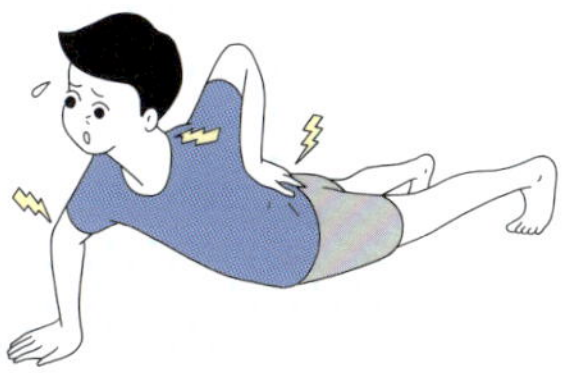

CHAPTER 1

のびる子どもの基本

子どもの成長過程や運動の効果など、トレーニングをはじめる前に知っておきたい基本的な内容を解説します。

＼のびる子どもの基本／

SECTION 1

子どもにトレーニングは必要か？

子どもの頃に体の動かし方がわかれば技術の習得が早くなる

　結論からいうと、成長期あるいはそこに至る前の子どもが重いウェイトを使って筋力トレーニングをしても、ムキムキの体になるのは難しいでしょう。むしろ、骨や関節に負担をかける危険性があります。筋肉とのバランスが崩れ、ケガの元にもなるので、過度な筋力トレーニングはおすすめできません。

　子どもの頃に大切なのは、リズムに合わせて体を動かしたり、目や耳から入った情報を体で表現できるようになること。このように、思い通りに体を動かす能力を育むのが「コーディネーショントレーニング」です。

　一般的にコーディネーション能力は、「リズム」「バランス」「変換」「反応」「連結」「定位」「識別」の７つに分類され（→ P63）、これらを高めることで、運動神経の向上につながるといわれています。子どもの頃はいろいろな動きを体験することが重要で、そこで動き方の土台さえつくっておけば、専門的なスポーツに移行してもスムーズに技術を習得できます。

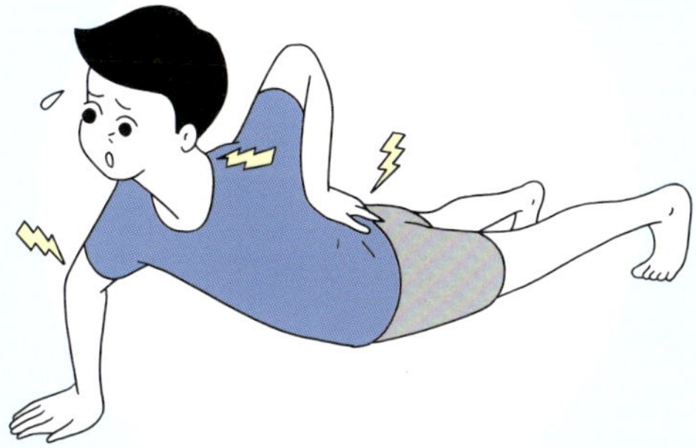

筋力トレーニングは
成長を妨げる

強い負荷をかけて筋肉（筋繊維、筋細胞）にダメージを与えるのが筋力トレーニングです。そのため、強度が高いトレーニングは、成長過程の骨や関節に弊害を及ぼす危険があります。ウェイトを使った筋力トレーニングは、骨格の成長がほぼ完成する高校生からはじめるようにしましょう。

大事なのは筋力でなく
体の動かし方

コーディネーショントレーニングの目的は、体力や筋力の向上だけでなく、目や耳などの五感を刺激して、脳と体の連動性を高めることです。大事なのは、思い通りに体を動かせるようになること。トレーニングによる肉体的な疲労も少なく、楽しみながら体の動かし方を学べます。

＼のびる子どもの基本／

SECTION 2

ゴールデンエイジの成長の仕組み

自転車の乗り方をわすれないのは神経系の働きのおかげ

運動神経が飛躍的に向上する 9 歳から 12 歳の年代を“ゴールデンエイジ”といいます。別名“黄金のスポンジ時期”と呼ばれ、この年代の子どもは、はじめて見た運動であっても、スポンジのごとく見よう見まねでこなせるようになります。一生に一度しかない、とても大切な時期です。

「スキャモンの発達曲線」を見るとわかりやすいでしょう。20 歳での発育を 100%とした場合、運動神経に大きく関わる神経系の成長は生まれてから 5 歳頃までで 80%に達します。そして、12 歳でほぼ完成に至ります。つまり、それまでに脳でイメージした動きを体で表現できるようにしておくことがとても重要になります。

また、神経系は一度その経路ができあがると、なかなか消えることがありません。子どもの頃に覚えた自転車の乗り方を、大人になってもわすれないのはこの神経系の働きによるものです。将来的に 1 つのスポーツに打ちこむにしても、この頃に身につけた技術が、パワーやスピードが備わるポストゴールデンエイジ（13 ～ 15 歳）以降に生きてくるのです。

01 スキャモンの発達曲線でわかる 子どもの成長

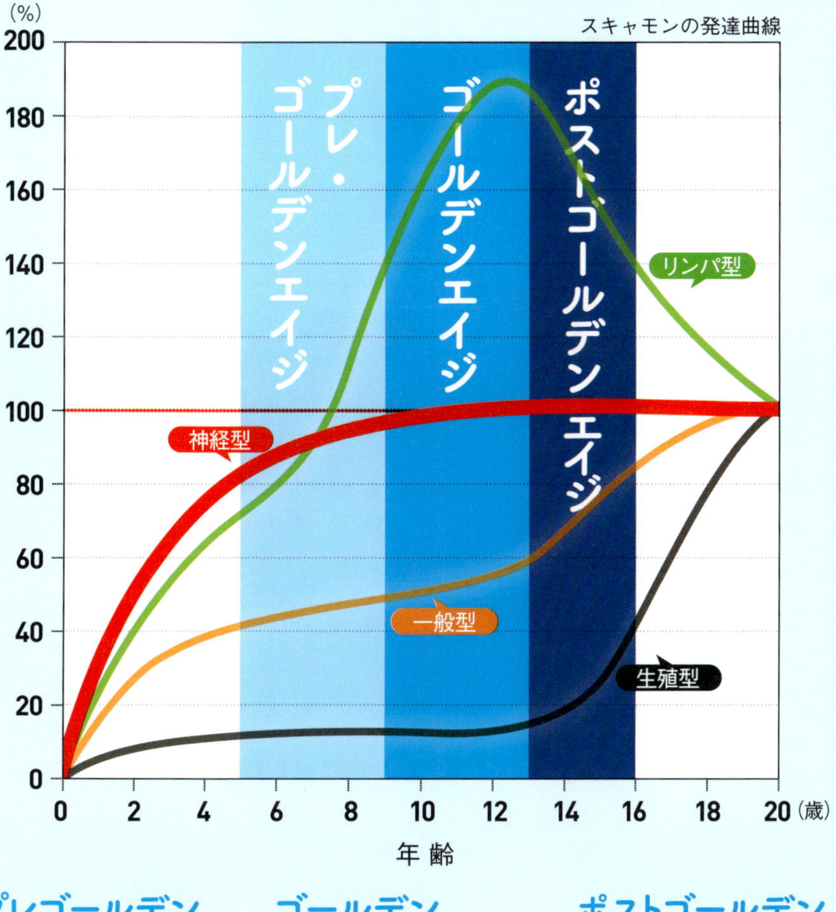

プレゴールデンエイジ（5～8歳）

さまざまな動きを経験させて、「基本的な運動動作」を身につける時期。かけっこや鬼ごっこ、ボール遊びなど、遊びの中から体の動かし方を学ぶことが重要です。

ゴールデンエイジ（9～12歳）

神経系がほぼ完成に至るため、技術の習得にもっとも適した時期といえます。今までできなかったことが急にできるようになるなど、大きな成長が見こめます。

ポストゴールデンエイジ（13～15歳）

第二次成長期に入り、体が大きく成長しはじめます。骨や筋肉の発達が著しく、パワーやスピードが備わるのもこの時期。走る練習をすれば、心肺機能も向上します。

神経型：脳の発達　一般型：身体の発達　生殖型：二次性徴における発達　リンパ型：免疫機能の発達

のびる子どもの基本

SECTION 3

ゴールデンエイジまでにやっておくことは？

ゴールデンエイジの準備段階では空間認識能力を養う遊びが大切

ゴールデンエイジの準備段階が、5～8歳の“プレゴールデンエイジ”です。神経系が80％まで形成されるこの年代は、体を大きく動かすことの楽しさを育む大切な時期といえるでしょう。

特に重要なのが、物の位置や形などを把握する定位能力（空間認識能力）です。この力が養われると、自分の体がどのように動いているかを認識できるようになります。また、これは日常生活にも欠かせない能力で、たとえば道路を走っている車や自転車と「自分」との距離を正確に認識し、危険を未然に回避する動きにもつながります。

定位能力を育む代表的な外遊びが“鬼ごっこ”。友だちにつかまらないように逃げたり、障害物を避けながら走ることで、必要な能力が自然に養えます。屋内なら、“どんぐりコロコロ”が効果的。安全を確保した上で、台から飛び降りる練習をしてもいいでしょう。習い事なら、水泳やダンスがおすすめです。

01

かんたんでお家でもできる
どんぐりコロコロ

両手をのばして１本の棒のようになり、床をコロコロとまっすぐ転がります。プレゴールデンエイジの子どもにとって、イメージした通りに動くのは、見た目以上に難しいですが、全身の筋肉や関節を上手に使えるようになります。指先を中心に弧を描くように転がるのではなく、床の上を平行に転がれるようにしましょう。

02

習い事では
水泳とダンスがおすすめ

まっすぐ泳ぐためには、体の左右の動きが対称でなければいけません。そのため、水泳はバランスよく体をきたえる効果があります。また、音楽に合わせて体を動かすダンスは、リズム能力はもちろん、筋肉や関節をタイミングよく同調させる連結能力が養えます。

＼のびる子どもの基本／

SECTION 4

成長痛の仕組みと対処法

成長痛を予防するために
ふだんからストレッチをしておく

10～15歳の成長期は、身長がぐんぐんのびる時期です。一方で、骨の成長に筋肉や腱がついていけず、そこに運動によるストレスが加わって痛みを発することがあります。これがいわゆる成長痛で、全身のいたるところに痛みが出るケースがあります。

代表的な例がオスグッド・シュラッター病でしょう。サッカーやバスケットボールをやっている男子に多く見られ、ひざの曲げのばしをした時に痛みが出ます。放っておくと、ひざ下の骨がボコッと隆起するのが特徴です。

オーバーユース（使いすぎ）で起こるのが「野球ひじ」や「テニスひじ」と呼ばれるひじの障害。これらのケガを予防するためには、コーディネーショントレーニングなどでふだんから柔軟性を確保しておくことが重要です。

とはいえ、どれだけ注意していても、突然、起きるのが成長痛。練習中に「おかしいな」と感じたら、すぐに運動をストップし、整形外科で診てもらいましょう。発見が早く安静にしていれば、予後も良好です。

01

サッカーやバスケで多い
オスグッド病

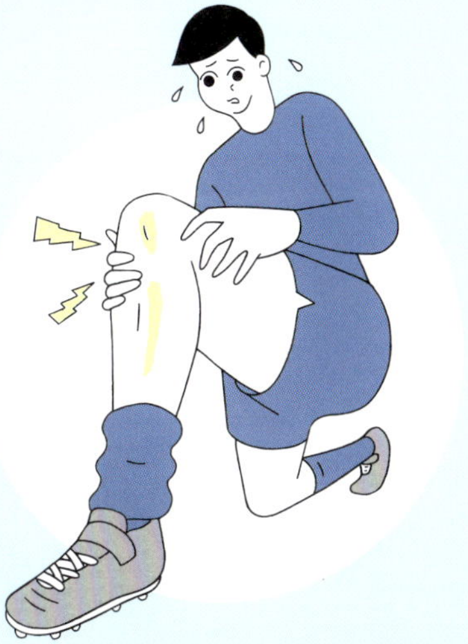

オスグッドは、太ももの筋肉がひざ下の骨（脛《けい》骨《こつ》粗《そ》面《めん》）を引きはがすことで、お皿の下がふくらんで痛みを発する症状です。太ももの前の筋肉（大腿四頭筋）がかたくなっていることが主な原因で、予防のためにはふだんからストレッチで筋肉をほぐしておくことが重要です。

02

野球やテニスで引き起こる
野球ひじ テニスひじ

ひじの障害も成長痛の１つで、スポーツによって「野球ひじ」や「テニスひじ」などと呼ばれます。使いすぎが主な原因で、予防のためには柔軟性を高めることが一番です。肩を大きく回したり、股関節をぐるぐる回して、肩甲骨や骨盤がよりよく動くようにしておきます。

のびる子どもの基本

SECTION 5

運動が集中力を高める

スポーツが得意な人は勉強もできるというのはホント？

勉強ができてスポーツ万能。そんな「文武両道」を地で行く子が、クラスに１人や２人はいませんか？　じつは、運動と勉強は無関係ではないのです。

姿勢を整えるだけで学力が上がるといわれることがありますが、じつはその通り。たとえば、背筋をのばすと空気の取りこみが盛んになり、脳に酸素が十分に行き渡るようになります。その結果、集中力が高まり、学力向上につながるのです。

ポイントは抗重力筋。文字通り「重力」に「抗う」筋肉のことです。この抗重力筋が働くと、胸が開いた状態で座ることが苦ではなくなり、常に内臓が正しい位置に保たれます。逆に抗重力筋が弱いと、姿勢が安定しません。胸が丸まって肋骨が内側に閉じ、呼吸が浅くなるためです。すると、脳にも酸素が行き渡らなくなり、集中力を欠いた状態になります。

コーディネーショントレーニングには、この抗重力筋をターゲットにしたメニューもあるため、脳の発育・発達においても効果的。日頃の運動で脳を活性化させて、元気な生活を送りましょう。

抗重力筋を刺激して
正しい姿勢で集中力UP

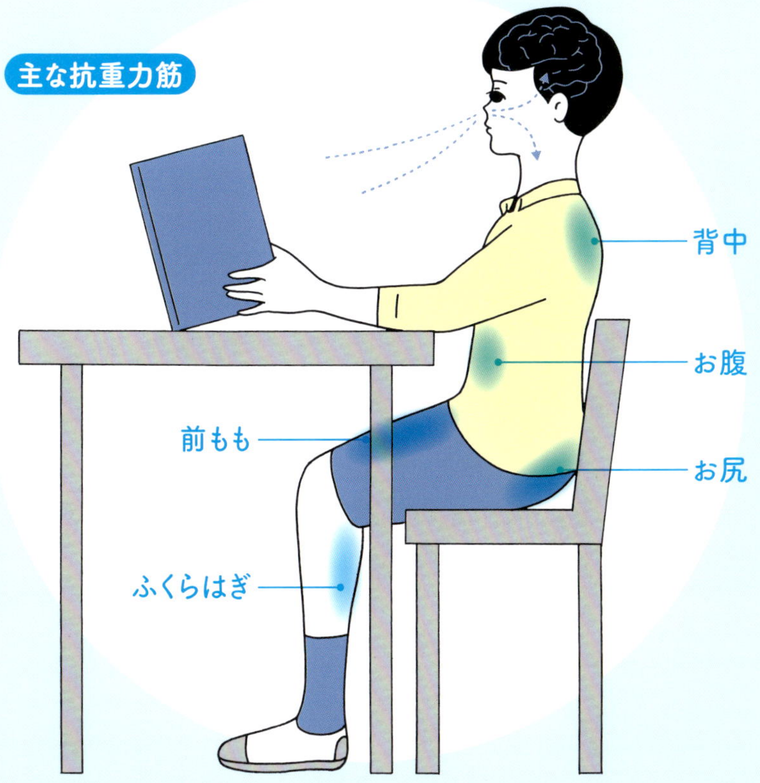

人間は立っている時も、座っている時も、あるいは寝ている時も重力の影響を受け続けています。これらの姿勢を維持するための筋肉を「抗重力筋」といいます。近年、スマートフォンの普及や外遊びの減少などライフスタイルの変化によって、子どもの筋力が低下。重力に対するバランスを欠き、姿勢の悪い子どもが増えています。コーディネーショントレーニングは適度に筋肉を刺激し、それを改善します。正しい体の動かし方を養い、理想的な姿勢を保持しましょう。

のびる子どもの基本

SECTION 6

スポーツテストを運動能力の目安に

子どもの体力の状況を把握し、本書を運動能力の向上、改善に役立てる

スポーツテストは、1964 年の東京オリンピック開催を契機に、当時の文部省によって始められた「体力・運動能力調査」です。1998 年には、国民の体の変化や高齢化の進展、スポーツ医科学の進歩を踏まえ、それまでのテストが大きく見直されました。

その「新体力テスト」では、「握力」「上体起こし」「長座体前屈」「反復横とび(100cm)」「20m シャトルラン（往復持久走)」「50m 走」「立ち幅とび」「ソフトボール投げ」の 8 項目を実施（6 ～ 11 歳)。走、跳、投に関わる運動能力の他、「スピード」「全身持久力」「瞬発力」「巧緻性」「筋力」「筋持久力」「柔軟性」「敏捷性」の 8 つの体力要因を評価します。

テストを実施する際は、安全面に十分留意すること。また、思うような結果が出なくても、がっかりする必要はありません。まずは子どもの体力の状況を把握し、本書を運動能力の向上、改善に役立ててください。

運動能力腕だめし
スポーツテストの種目とやり方

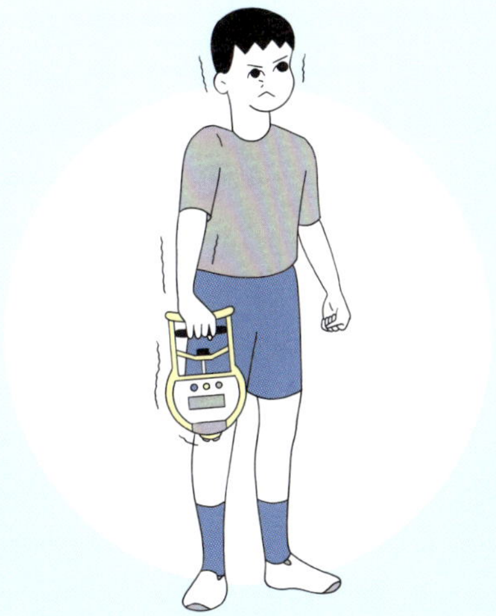

▶握力

評価される体力・運動能力

筋力

運動の特性

力強さ

直立の姿勢で軽く両足を開き、自然に腕を下ろします。握力計が体に触れないように、力いっぱい握りしめます。力を入れる際は、握力計をふりまわさないように注意しましょう。

▶上体起こし

評価される体力・運動能力

筋力、筋持久力

運動の特性

力強さ、粘り強さ

マットの上に仰向けになり、両腕を胸の前で交差させます。両ひざの角度は90度。補助者は両ひざもしくは足首を押さえ、「はじめ」の合図で両ひじが太ももに触れるまで上体を起こします。30秒間、できるだけすばやく繰り返しましょう。

長座体前屈

評価される体力・運動能力

柔軟性

運動の特性

体のやわらかさ

高さ約24cm、幅約40cmの台の下に両足を入れ、長座姿勢を取ります。壁に背中、お尻をつけ、両手を台の上に乗せたままゆっくりと体を前に倒していきましょう。そのまま台を前方に滑らせ、最大に前屈したところで台から手をはなします。

反復横跳び

評価される体力・運動能力

敏捷性

運動の特性

すばやさ、タイミングのよさ

100cm間隔で3本のラインを引きます。中央のラインにまたいで立ち、「はじめ」の合図で右側にサイドステップ。中央のラインに戻り、さらに左側のラインにサイドステップします。ラインを通過するごとに1点を数え、繰り返し20秒間行います。

20mシャトルラン

評価される体力・運動能力

走能力、全身持久力

運動の特性

粘り強さ

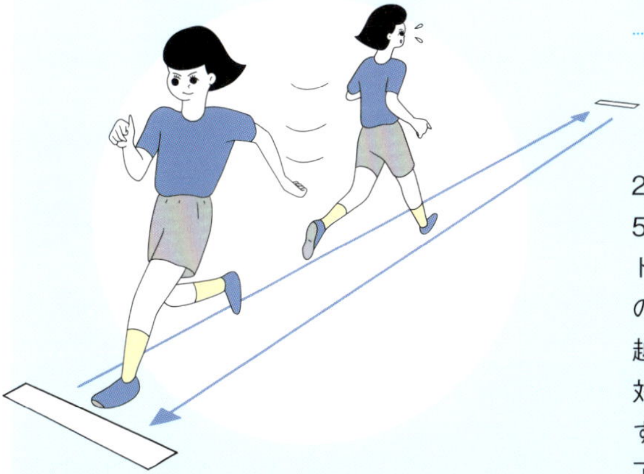

20m間隔のラインを2本引きます。5秒のカウントダウンのあとにスタート。一定の間隔で電子音が鳴り、次の音が鳴るまでに20m先のラインを越えたら、その場で向きを変えて反対側のラインに向かって走り続けます。電子音よりも遅れたらテスト終了となります。

50m走

評価される体力・運動能力

走能力、スピード

運動の特性

すばやさ、力強さ

スタンディングスタート。「位置について」「ようい」のあと、声か音による合図と同時にスタートし、50m全力疾走します。胴（頭、肩、手、足ではない）がゴールラインを通過するまでに要した時間を計測します。

立ち幅跳び

評価される体力・運動能力

跳躍能力、瞬発力

運動の特性

力強さ、タイミングのよさ

砂場の手前30cm～1mの位置に踏み切り線を引きます。屋内で行う場合は、砂場の代わりにマットを壁につけて敷きましょう。両足を軽く開いて、つま先が踏み切り線にそろうように立ち、両足で踏み切って前方に跳びます。

ソフトボール投げ

評価される体力・運動能力

投球能力、巧緻性、瞬発力

運動の特性

力強さ、タイミングのよさ

投球は地面に描かれた直径2mの円内から行います。投球中や投球の直後は、円を踏んだり外に出たりしないこと。投げ終わったら、静止してから円の外に出ます。12～19歳はハンドボール投げを行います。

※参考：『新体力テスト実施要項』、『子どもの体力向上のための取組ハンドブック』（文部科学省）

年齢別スポーツテストの平均得点

年齢ごとのスポーツテストの平均値を表にしたものです。
1つの目安にして頑張りましょう。

男子
女子

年齢（参考学年）		6（小学1年生）	7（小学2年生）	8（小学3年生）	9（小学4年生）	10（小学5年生）	11（小学6年生）
握力（kg）	男子	9.44	11.22	12.81	14.94	16.96	19.76
	女子	8.81	10.4	12.03	14.04	16.41	19.7
上体起こし（回）	男子	11.64	14.56	16.48	18.71	20.81	22.66
	女子	11.25	13.87	15.98	17.87	19.32	20.54
長座体前屈（cm）	男子	26.26	27.85	29.28	30.34	33.18	36.03
	女子	28.23	30.81	32.47	34.13	36.93	40.12
反復横とび（点）	男子	28.13	32.2	36.26	39.66	43.98	46.7
	女子	27.51	31.15	35.03	37.95	41.95	43.88
20mシャトルラン（折り返し数）	男子	19.22	28.69	38.52	48	57.48	65.5
	女子	16.37	22.73	29.23	38.49	45.59	50.47
50m走（秒）	男子	11.51	10.65	10.01	9.61	9.21	8.79
	女子	11.76	10.99	10.38	9.88	9.45	9.16
立ち幅とび（cm）	男子	114.36	126.34	136.25	145.26	153.72	166.55
	女子	107.41	117.82	127.59	138.89	148.01	156.41
ソフトボール投げ（m）	男子	8.67	12.26	15.89	20.32	23.54	27.21
	女子	5.8	7.58	9.83	12.06	14.43	16.47

※政府統計の総合窓口e-Stat『体力・運動能力調査/平成28年度』より抜粋

COLUMN 1

「柔軟性」は すべての体づくりの土台

体づくりの大切さを説明する時によく使うピラミッドがあります。

3段階の頂点にあるのが「スキル」です。それを支えるのが2段目の「筋力」。そして、最下層にあるのが、その筋力を生かす「柔軟性」です。この3つがバランスよく積み重なることで、1つのピラミッドを形成しています。

つまり、「柔軟性」が体づくりの土台で、ゴールデンエイジの子どもにとってもっとも大切な部分といえるでしょう。

ところが最近の子どもたちを見ていると、「スキル」の強化ばかりが優先されて、頭でっかちの、まるでイカのようなピラミッドが増えてきたように感じます。たしかに、どんなスポーツでも、「スキル」は重要です。しかし、「筋力」や「柔軟性」をおろそかにして「スキル」ばかり身につけようとしても、ピラミッドの上のほうだけ大きくなるばかりでゴロンと転げ落ちてしまいます。この状態が続くと最悪の場合、スランプやケガにつながります。

逆に土台となる「柔軟性」が向上すると、姿勢がよくなり、ケガもしにくくなります。関節の可動域が広くなることで、将来的に「スキル」も身につけやすくなるでしょう。遊びで身につくところも「柔軟性」のメリットです。ぜひ、楽しみながら体づくりにはげんでください。

CHAPTER 2

ぐんぐん育つ体をつくる基本エクササイズ

運動神経をのばすトレーニングの基礎として、まずはゴムのようにやわらかい体をつくります。そのための基本的なエクササイズと基礎知識を解説します。

基本エクササイズ

SECTION 1

ゴムのように やわらかい 体をつくる

走る・跳ぶ・投げるといった運動の土台

近年、柔軟性が低下した子どもが増えています。本来、子どもは体がやわらかいはず。なのに、体がかたかったり姿勢が悪かったりして、なんでもないところで転ぶ子どもが多いのが現状です。

たしかに遺伝的要素もあるでしょう。しかし、原因はそれだけではありません。子どもの体はこれまで、外遊びによって育まれてきました。木登りをしたり、空き地を駆け回ったりすることで、関節の可動域を自然と広げていったのです。しかし、最近はそうした外遊びの機会がめっきり減ってしまいました。

柔軟性は子どもにとって、あらゆる運動能力を司る大切な要素です。走る・跳ぶ・投げるといった運動をするうえでの土台といってよいでしょう。さらに、正しい姿勢を保つことができ、集中力のアップにもつながります。

柔軟性が高い＝関節の可動域（動く範囲）が広いことを意味します。それを養えるのもコーディネーショントレーニング。まずは柔軟性を高めて、ゴムのようにやわらかく弾力のある体をつくりましょう。

01

思い通りに体を動かせる

関節の可動域が広がるということは、イメージどおりに体を大きく動かせるということ。脳や神経系の発達が著しい幼児期から柔軟性を高めておけば、1つ1つの動きを覚えるのがスムーズになります。

02

ケガを防げる

体がかたいと、筋肉にかかる負担が大きくケガをしやすくなります。たとえば、転んだ時にとっさに体勢を立て直せず、思わぬケガをするのも、体のかたさが大きな要因です。逆に、体がやわらかければ、大きな負荷がかかっても柔軟に対応できるため、ケガをしにくいのです。

03

姿勢がよくなる

筋肉の柔軟性が左右のどちらかに偏っていると、かたい筋肉のほうに体が傾いてしまいます。その代表格が"猫背"。逆に、柔軟性を高めて筋肉のバランスを整えると、姿勢がよくなり集中力もアップします。

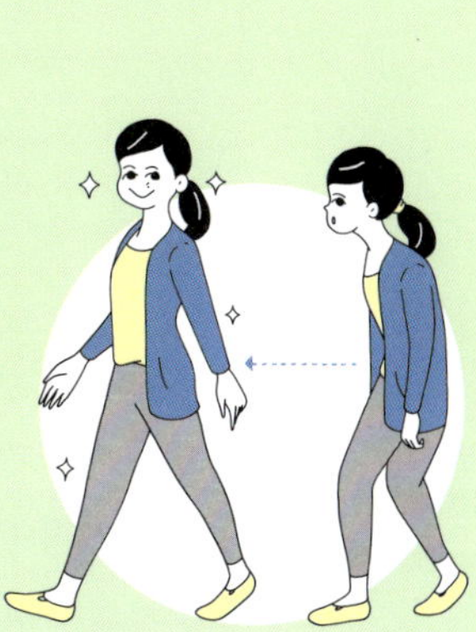

基本エクササイズ

SECTION 2

ジャンプ

運動のスタートに最適！ かんたんなのに効果絶大

まずはウォーミングアップを兼ねて体をほぐしましょう。準備運動をする前の準備運動と思ってください。

両手はだらんと下げ、力を抜いたままピョンピョンとリズムよく跳びます。自分の体を上下に小さくシェイク（ふる）するイメージです。高く跳びあがる必要はなく、つま先が床から浮くか浮かないくらいの小ジャンプでかまいません。顔を正面に向け、左右に揺れないように頭は軽く固定します。

はじめに筋肉や関節をほぐしておくと、そのあとの運動も体がスムーズに動きます。筋肉の緊張を緩めることで、リラックス効果もあります。スポーツ選手が小刻みにジャンプする姿を見たことがあると思いますが、これは体のバランスを整える意味も持っています。リズムよくジャンプすれば、リズム感やバランス感覚を養うこともできるでしょう。

ひざにかかる負担も少なく、小さな子どもでもできるかんたんなエクササイズです。気づいた時に行うとよいでしょう。

ジャンプ

回数
連続で8回×4セット

小さいジャンプをリズムよく繰り返すことで、関節や筋肉をほぐします。準備運動をする前の準備運動です。肩の力を抜いて行いましょう。

TARGET
全身をリラックスさせる

緊張で筋肉がかたくなると、思うように体を動かすことができません。手足をだらんとさせて、全身をリラックスさせます。

全身を
リラックス
させる

01
肩の力を抜いて
まっすぐ立つ

つま先が
床から浮くか
浮かないかくらい

02
リズムよく
小さく
ジャンプ

お父さんお母さんへのアドバイス

肩や指先の力を抜こう

上半身をリラックスさせ、全身でジャンプすることが重要です。肩が上がっていると力が入っているサイン。肩が上がらないように見てあげましょう。

基本エクササイズ

SECTION 3

体の動きは3つだけ

三軸体操

人間の体の動きは3Dで、その動きは大きく「前後方向の動き（前屈と後屈）」「横方向の動き（側屈）」「ひねる動き（回旋）」の3つに分けられます。たとえそれ以外の運動をしているように見えても、じつはこの3つの動きが組み合わさって行われています。

たとえば、「投げる」という動作は、ひねる動きと前後の動きが合わさって、はじめて「投げる」動作が完成します。そして、これらの動きを高めるのが三軸体操なのです。

三軸体操とは、前屈後屈の「縦軸」と側屈の「横軸」、そしてひねる「回旋の軸」の動きを正しく、大きく動けるようにするためのものです。それぞれの体操で体の柔軟性を高め、正しい動作ができるようにしましょう。

無理やり行ってしまうと体のバランスが崩れ、効果が弱まってしまうので注意が必要です。自分では正しく動作できているかがわかりくいので、お父さんお母さんがチェックしてあげるとよいでしょう。

01 縦軸の動き

前屈後屈運動には、背中、お尻、太ももの裏、ふくらはぎなど、あらゆる筋肉の柔軟性が求められます。また、前屈が得意な人は肩甲骨の可動域が広く、姿勢がよくなるなどのメリットがあります。

02 横軸の動き

正面を向いた状態での横方向への動きが横軸で、体を横に倒す動きを側屈といいます。ラジオ体操における「体を横に曲げる運動」がそれにあたり、わき腹にある筋肉の柔軟性を高めて、内臓の働きをよくする効果もあります。

03 回旋の動き

腹斜筋と呼ばれるわき腹の筋肉が使われ、上半身と下半身の動きをスムーズに連動させます。この腹斜筋が凝りかたまっていると、上半身の動きがかたくなったり、腰を痛めたりする原因にもなります。

TRY 三軸体操

回数
前後20秒ずつ×3セット

縦軸のエクササイズ

前屈によって上半身を支える背中やお尻、太もも後ろの筋肉をのばします。反対に、後屈でお腹の筋肉をのばします。この動きによって骨盤のゆがみを正す効果があります。

TARGET
歩幅が大きくなる
太ももの裏の筋肉をのばします。ここがのびると歩幅が大きくなり、「歩く」「走る」の動作がスムーズになり、一歩で進む距離がのびます。

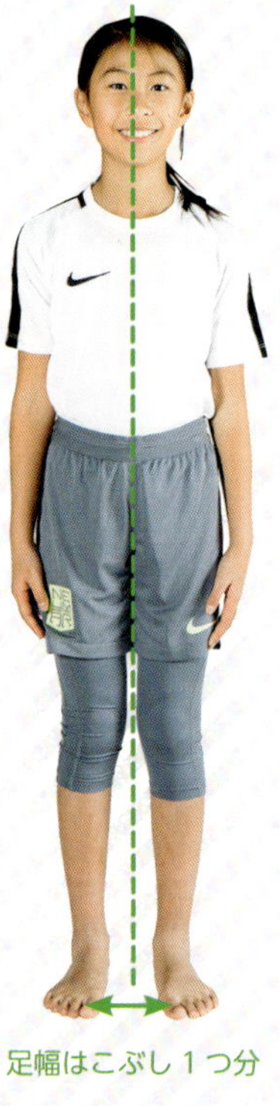
足幅はこぶし１つ分

01 両手を体の横に下ろしてまっすぐ立つ

02 体をゆっくり前に倒す

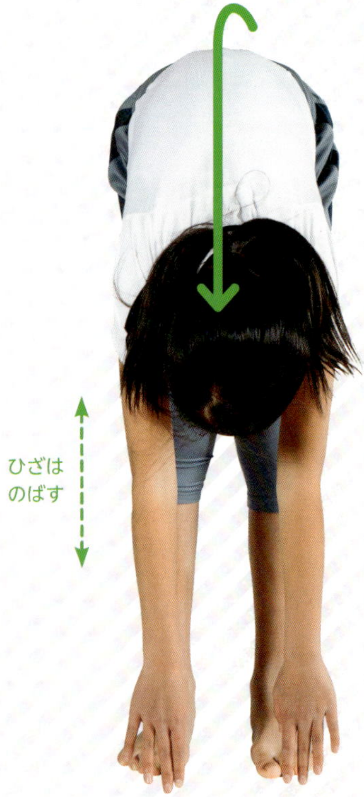
ひざは
のばす

POINT

後屈の時に体を反りすぎない

ひざを曲げて無理やり体を倒してはいけません。成長期の背骨は、無理に倒すと骨折する危険があります。

逆手にして
腰に添える
後屈の時は
足を肩幅よりも開く

03

手を腰に添えて体を後ろにのばす

お父さんお母さんへのアドバイス

天井を見上げよう

後屈をする時は、腰を反るのではなく、前に押し出すイメージ。「天井を見上げてごらん」とアドバイスすると、お腹をのばしやすくなります。

TRY 三軸体操

横軸のエクササイズ

回数
左右20秒ずつ×3セット

わき腹（腹斜筋）から背中の筋肉をのばします。きちんと効果を出すために、上体が前後に傾かないようにしましょう。側屈がスムーズにできるようになると、前屈にも効果が現れます。

TARGET

ジャンプの反動をつけられる

わき腹をやわらかくすることで、腕の回旋がスムーズになり、ジャンプをする時に腕を後ろにふりあげやすくなります。そのため、ジャンプの勢いが増します。

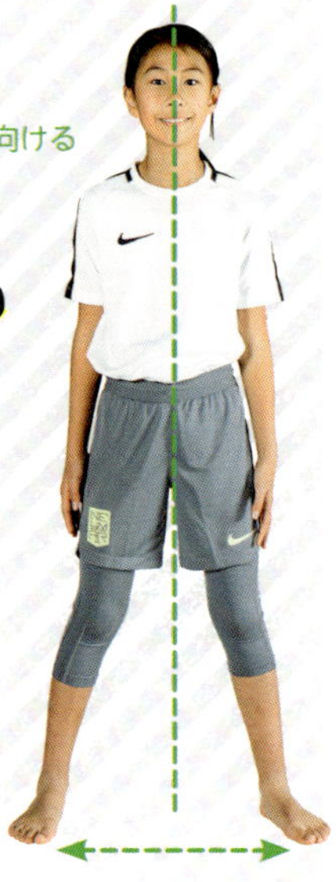
目線は
正面に向ける

01

足を肩幅よりも広げてまっすぐ立つ

ひじを
しっかりとのばす

02

片手を腰に当て、もう片方の手の指先を上にまっすぐのばす

POINT

腕を耳につける

腕は耳につけて、ひじをまっすぐのばしたまま体を倒します。そうすることで余計な力が入らず、倒しやすくなります。指先は斜め上に向けて、ギューッとのばすイメージです。

ひじは
のばしたまま
わき腹の筋肉を
意識する
NEYMAR

03

指先を上にのばしたまま、体を真横に倒す

お父さんお母さんへの
アドバイス

指先をあと3cm のばそう

指先をのばすことで肩甲骨もいっしょに引き出されます。腕をのばすとき「あと3cm のばそう」とアドバイスすると、肩甲骨が自然に動きます。

TRY 三軸体操

回数
左右10回ずつ×3セット

回旋のエクササイズ

体を左右にひねることで、腹斜筋に刺激を与えることができます。上半身と下半身の連動性が高まり、全身の動きがスムーズになります。

TARGET
あらゆる動きをスムーズにする！

体をひねる回旋は、あらゆる動作の基礎。投げる、蹴る、跳ぶ、走るなどあらゆる動きをスムーズにします。

02 ひじを軽く曲げ、床と水平になるように上げる

左右の腕の高さを
一定にする
軽く曲げる

目線を
正面に向ける

01 足を肩幅よりも広げてまっすぐ立つ

POINT

目線を意識する

手を床と平行にしたまま、顔をできるだけ真後ろに向けます。目線を真後ろに向けることで自然と頭蓋骨がひねられ、その下にある背骨が連動して回旋しやすくなります。

肩とひじは
同じ高さ
足の裏を
床につけたまま、
つま先を
正面に向ける

03

ひじを曲げたまま、体をゆっくりひねる

お父さんお母さんへのアドバイス

後ろで目と目を合わせる

子どもの後ろで指を立ててサインを出します。「何本だった？」と指の本数を数えてもらうと、自然と目線を真後ろに向けられるようになります。

基本エクササイズ
SECTION 4

体には「動くところ」と「動かないところ」がある

モビリティとスタビリティ

人間の関節は、モビリティ(運動性)とスタビリティ(安定性)に分けられ、となり合った関節が交互に役割を果たすことで、スムーズな動きを生み出します。たとえば、ボールを投げるという動作は、肩関節(モビリティ)、ひじ関節(スタビリティ)、手首(モビリティ)、手のひら(スタビリティ)の順番に力が伝わり、大きなパワーが生み出されます。力を発揮するには、動くところを十分に動かし、固定されるべきところをしっかり安定させる必要があるということです。

運動で特に鍵になるのは、肩甲骨と骨盤です。肩甲骨と骨盤は、背骨を介してつながっています。骨盤が丸まれば肩甲骨も丸まるし、骨盤が立てば肩甲骨も立つ。これが、肩甲骨と骨盤の関係性で、モビリティとスタビリティの両方の性質を持ち、運動に大きく関わります。

次のページからは、肩甲骨と骨盤を中心に、このモビリティとスタビリティを意識したエクササイズを紹介します。

モビリティ と スタビリティ

それぞれの関節の役割

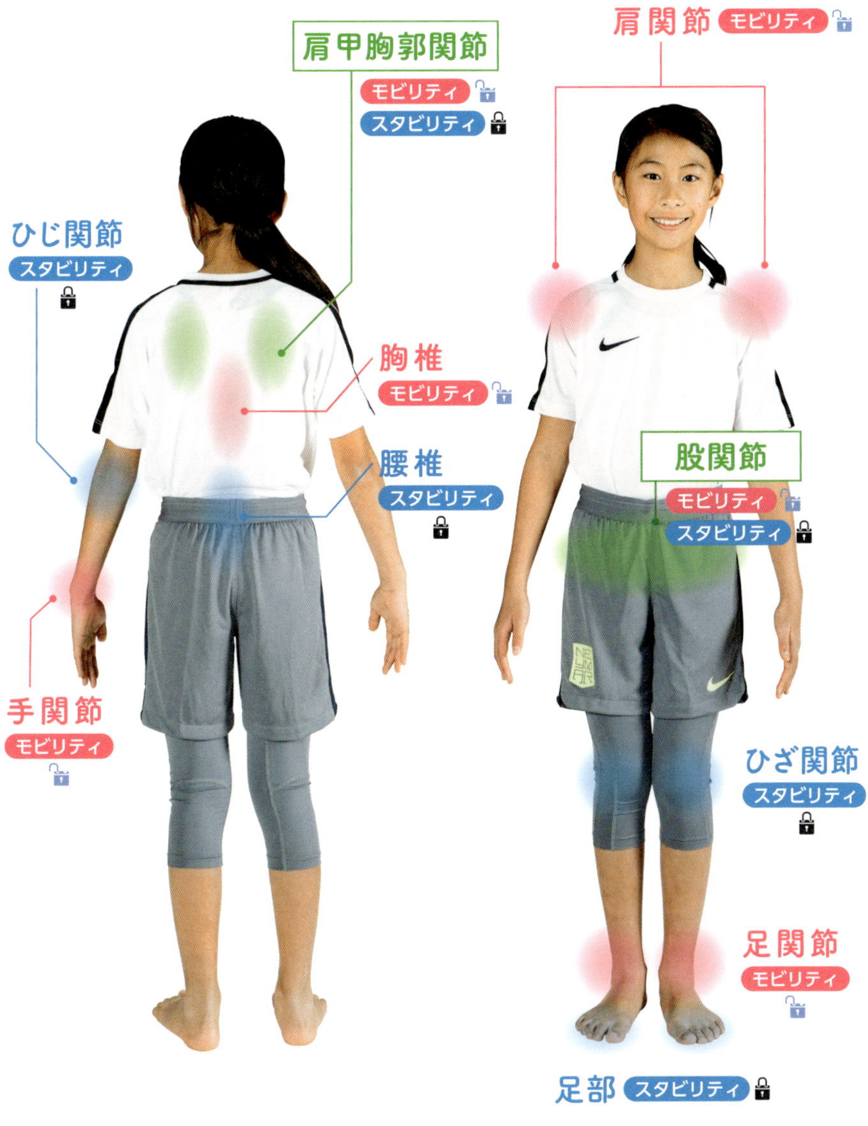

TRY モビリティとスタビリティ

回数
前後5回ずつ×3セット

肩甲骨のエクササイズ

背中をほぐし、肩甲骨の可動域を広げます。ただグルグル回すだけでは効果が薄れるので、1つ1つの動きをしっかりと意識しながら行うこと。前に回したら、今度は後ろに回します。

TARGET

上手に腕をふれ 走る、投げるに効果

肩甲骨を大きく回すことで、アームスイング（腕をふる動作）が上手にできるようになります。走る、投げるといった動きに関連します。

目線は正面に向ける

かかとは床につけたまま

01

背筋をのばして、手を上に突きあげる

肩甲骨が開いていることを意識する

02

手を前にのばすようにふりおろす

POINT 肩甲骨と胸の連動を意識

前へならえの状態のとき、胸を丸くし、肩甲骨をしっかり引き出します。逆に手が後ろに来た時は、胸を張ります。肩甲骨の動きと胸の動きが連動していることを意識します。

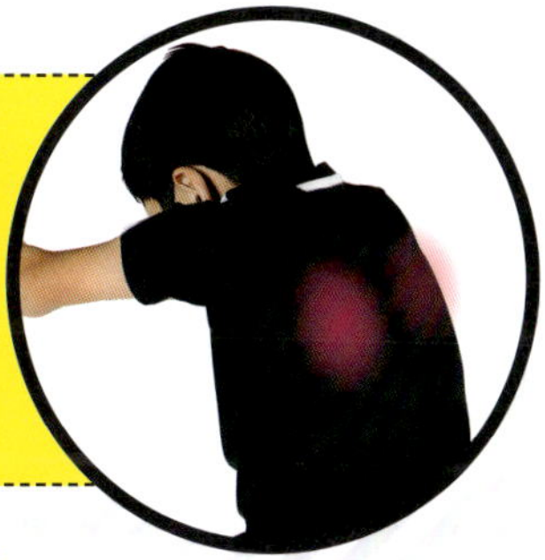

目線を斜め上に
向ける
左右の肩甲骨を
中心に寄せる

03

胸を張って肩甲骨を閉じながら、両手を後ろに回して最初のポジションに

お父さんお母さんへの
アドバイス

手を遠くにのばそう

前へならえの状態の時に、肩甲骨の開きを意識するのは難しいものです。手をできるだけ前にのばすようにアドバイスしてあげましょう。

TRY モビリティとスタビリティ

回数
左右5回ずつ×3セット
終わったら反対回し

股関節のエクササイズ①

股関節の可動域を広げ、動きの連動性を高めます。お尻まわりをやわらかくする効果があり、跳んだり走ったりする力が向上します。左右両方の足でできるようになりましょう。

TARGET
力強いジャンプを生み出す

下半身の土台をつくる動きです。股関節がやわらかくなり、足の動作が上手になります。ボールを蹴る力や力強いジャンプを生み出します。

胸を張る
ひざを
90度に
反対側のひざは
まっすぐのばす

01 壁に手をつき、上体をまっすぐに保つ

反対の手を
胸の高さ
まで上げて
バランスをとる

02 足を前に出し、ひざを90度に曲げる

POINT

上体と軸足をまっすぐに

上体が前に倒れたり軸足のひざが曲がったりしてはいけません。股関節を中心に足を動かして、軸足側のお尻の筋肉に刺激を感じましょう。

上半身は
正面に向けておく
ひざから下は
力を入れすぎない

03

股関節をぐるっと回して足を後ろに持ってくる

お父さんお母さんへのアドバイス

もたれかからないように注意

手をついている壁にもたれかかると、体の軸が安定しません。壁にもたれかかっていないか、注意して見てあげましょう。

TRY モビリティとスタビリティ

股関節のエクササイズ②

回数
10回×3セット

お尻から太ももの裏（ハムストリングス）を強くする股関節スクワットです。ストレッチ効果もあり、小さな負荷で柔軟性を高めます。

TARGET

力強く地面を蹴れる

太ももの裏、お尻、背中の弾力性を高め、バネのような体をつくります。地面を蹴る力が強くなり、跳力、走力がアップします。

01

肩幅くらいに足を開いてまっすぐ立つ

02

両手を前にのばして、ひざを曲げていく

POINT

ひざの位置を動かさない

ひざの位置を保ったままお尻を後ろに引くことで、太ももの裏がのびます。腰をただ落とすだけだと、ひざを痛める可能性があるので注意しましょう。

目線を正面に
向ける
ひざの位置を
動かさない

03

ひざがつま先よりも前に出ないように腰を落とす

お父さんお母さんへのアドバイス

かかとの外側に体重をかけよう

スタートは足の小指と薬指の間くらいに重心を置き、お尻を引いた時にかかとの外側に体重をかけるのがバランスを安定させるコツです。ぐらついてしまうときは、かかとの外側をさわってあげましょう。

基本エクササイズ

SECTION 5

腹圧

運動のパワーの源

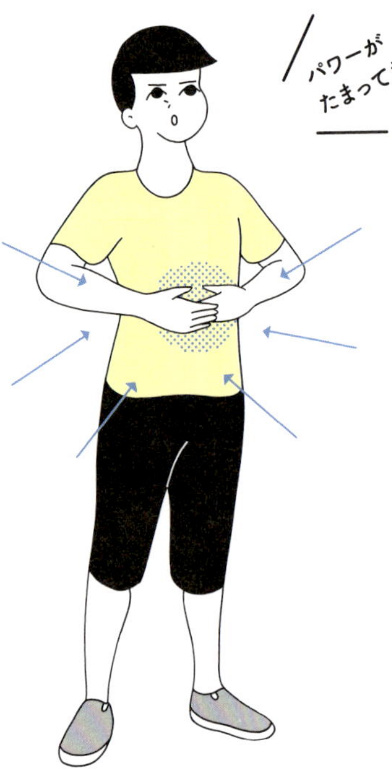

お腹には胃や腸などの内臓があるのに、上半身を支える骨は脊柱（背骨）しかありません。その他は筋肉で、腹横筋、多裂筋、横隔膜、骨盤底筋群の４つの筋肉に囲まれています。これらに力を入れて圧力をかけることを腹圧といいます。腹圧を高めることで背骨をしっかりと支えられ、上半身と下半身が連動します。逆に、腹圧が低いと体が安定せずふにゃふにゃしてしまい、運動する時に力を発揮できません。

　腹圧を高めると、あらゆるスポーツのパフォーマンスを高めることができます。ボールを投げたり、走ったりする時もお腹に力がグッと入り、力強い動作になっていきます。日常生活にも有効で、よい姿勢を保つ効果があります。

　腹圧を高めるのに、腹筋運動などの筋力トレーニングは必要ありません。次のページから、お腹の筋肉に効果的に力を入れるためのエクササイズを紹介します。お腹の内側からパワーがあふれるようなエネルギッシュな体をつくりましょう。

01

疲れにくい

胃や腸などの内臓を覆っているのが腹壁とよばれる筋肉の壁です。腹圧は、その腹壁をふくらませ、内臓を正しい位置に保つ働きがあります。つまり、腹圧が低くなると、内臓にかかるストレスが大きくなり、体調不良につながるのです。腹圧を高めて、疲れにくい体をつくりましょう。

02

体が安定する

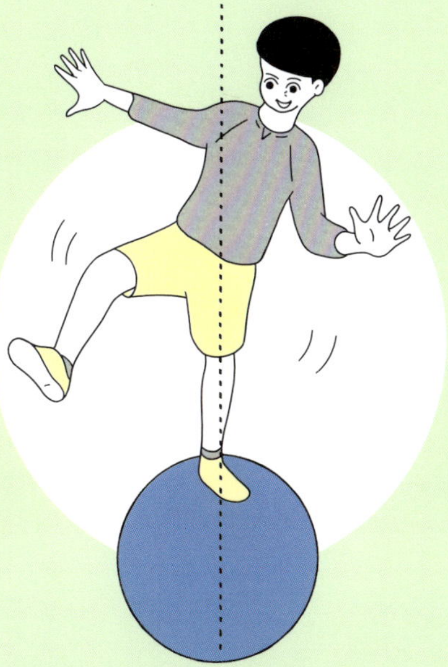

腹圧が高まると、内臓や背骨をしっかりと支えられるようになります。すると、体に一本の軸ができたような、安定した体になっていきます。逆に、腹圧が低くなると、上半身を支えられず体のバランスが不安定になります。大人になった時に腰への負担も増えてきます。

TRY 腹圧

回数
左右交互に20回×3セット

腹圧のエクササイズ①

お腹の力を使って太ももを上げることで、腹壁に刺激を加えます。足を高く上げるのではなく、お腹の力でひじとひざをつけるイメージで行います。

TARGET

足の回転速度が上がる

足を引きあげる時に作用する筋肉の使い方が上手になります。そのため、足の回転速度が上がります。また、走っている時に上半身がぐらつきません。

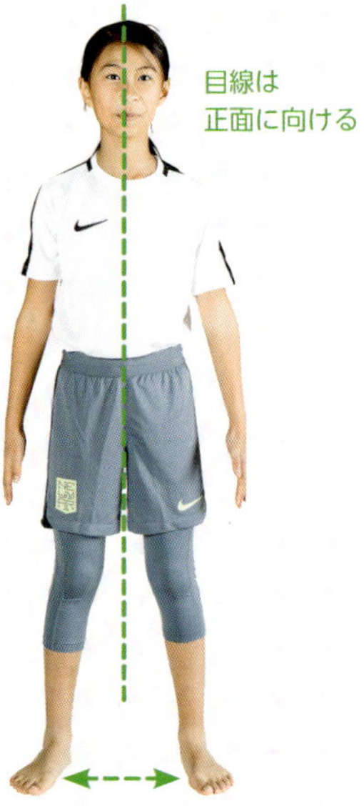
目線は
正面に向ける

01

両足を肩幅よりもやや広く開き、まっすぐ立ちます

02

片方の腕を横にのばしてひじを曲げます

反対側の手は
リラックス
させる

POINT

ひじとひざをクロス

はじめはひじとひざをつけたところでストップ。慣れてきたら、ひじとひざをスライドさせましょう。お腹まわりの筋肉に、より強い刺激が加わります。

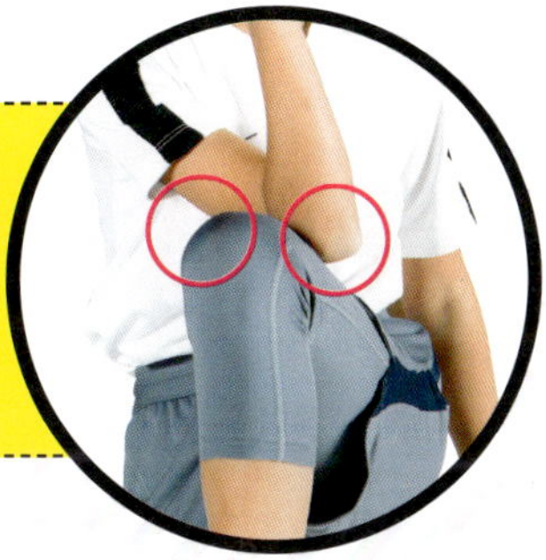

03

反対側の足を上げ、ひじとひざをタッチ。リズミカルに交互に行う

お父さんお母さんへのアドバイス

数を数えてあげる

途中で力を抜かず、最後までギュッと力を入れることが大切です。「イチ、ニ、サン」といっしょに数を数えながら行うと、最後まで力が抜けません。

TRY 腹圧

回数
左右交互に20回×3セット

腹圧のエクササイズ②

お腹の横にある筋肉をきたえるエクササイズで、姿勢を安定させる役割を果たします。曲げた側のわき腹を意識しながら行いましょう。

TARGET
体のバランスがよくなる

横腹の筋肉（側筋群）を養うことで、ボールを投げたり走ったりする時の姿勢を安定させます。

02 手を開き、ひじを胸の高さまで上げる

手のひらを正面に向ける
ひじを90度に

足を肩幅くらいに広げる

01 正面を向いてまっすぐ立つ

POINT

ひじを下げるのはNG

ひじだけを下げるのではなく、お腹の横をしっかり曲げないと効果がありません。ただし、無理に曲げようとして、横から見た時に体が「く」の字に折れ曲がらないように注意しましょう。

お腹の横の
筋肉を意識する

03

上半身を倒して、ひじの先とひざ頭をタッチする

お父さんお母さんへのアドバイス

ひじを 90 度でキープしよう

ひじが下がったり、足だけが上がったりすると、ひじの角度が小さくなります。ひじが 90 度になっているか注意して見てあげましょう。

TRY 腹圧

回数 左右10秒ずつ×3セット

腹圧のエクササイズ③

腹圧のエクササイズの中でもレベルが高いメニューです。股関節がかたいと軸足が安定しません。この動きができれば、腹圧は合格レベルといってよいでしょう。

TARGET **ジャンプが高くなる**

背中、お尻、太ももの裏の筋肉を養い、ジャンプ力をアップさせます。また、体を支える力が高まるので、すべての動作の底上げになります。

01
正面を向いてまっすぐ立つ

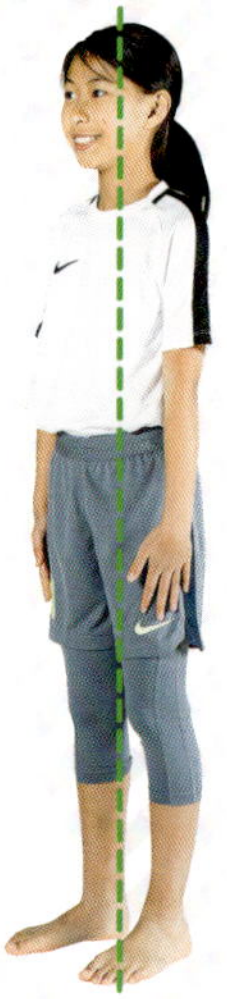

02
両手を広げ、床と水平になる高さまで上げる

POINT

下を向くのはNG

下を向くと、あごが下がって腰が山なりになり、足も落ちてしまいます。顔は正面に向けましょう。

頭からつま先までを
一直線にする
顔は正面に向ける
軸足のひざは
できるだけのばす

03 片足で体を支えながらもう片方の足を上げ、上体を前に倒す

お父さんお母さんへの
アドバイス

正面の一点を見つめよう

軸足がぐらつく時は、正面の目印をじっと見つめるとバランスが安定します。お父さん、お母さんが正面に立ってサインを出してもよいでしょう。

COLUMN ②

正しい姿勢のすすめ

背筋をのばすと呼吸が楽になりませんか？　新鮮な空気が入ってくることで、脳が活性化するからです。正しい姿勢を持続すると集中力や記憶力も高まり、学習能力の向上にもよい影響を与えます。

逆に猫背になると呼吸が浅くなり、疲れやすくなったり、視力が悪化するなどのデメリットがあります。特に成長過程の子どもは骨格が完全に形成されていません。悪い姿勢がクセになると、将来的にも肩こりや腰痛などの原因になります。

では、正しい姿勢とは何を基準に考えればいいか。次の5点に注目してください。

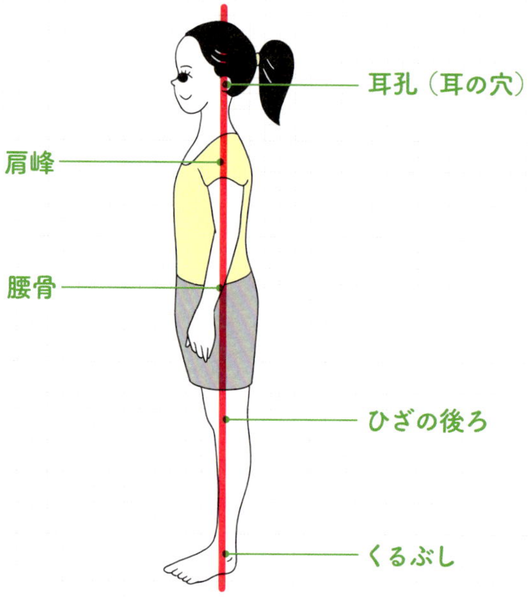

横から見た時に、この5点が直線でつながっている状態が正しい姿勢です。チェックする時は、壁にかかと、お尻、手の小指をつけ、そのまま前に一歩出ます。その時に、正しい姿勢を維持していることが重要。慣れていないとなかなかできません。だからこそ、エクササイズが必要なのです。

また、座っている時の正しい姿勢は、「耳孔」「肩峰」「腰骨」の3点が一直線につながった状態です。足を組んだり、頬づえをついたりするクセがあると、姿勢が悪くなるので注意しましょう。

CHAPTER 3

運動神経をのばす ボディコーディネーション トレーニング

運動の基本である、「走る」「跳ぶ」「投げる」の3つの動作をマスターするためのエクササイズを紹介します。
上半身と下半身のそれぞれの役割にフォーカスし、最後にその連動性を高めます。

ボディコーディネーション

SECTION 1

コーディネーション能力とは

運動神経を形づくる7つの要素

コーディネーション能力とは、「自分が思った通りに体を動かせる能力」のことです。7つの能力「リズム」「バランス」「変換」「反応」「連結」「定位」「識別」に分類されており、これら1つ1つの能力が複雑に組み合わさることであらゆる動きを生み出します。

たとえば、バスケットボールのパスを受ける時は「バランス」「変換」「反応」「定位」が働き、サッカーでドリブルをしている時は「リズム」「バランス」「連結」といった能力が働いています。

一般的に「運動神経がいい」といわれる子どもは、このコーディネーション能力が高いといえます。そして、神経系の発達が著しい幼少期にこの力を身につけやすいといわれているのです。

脳と神経を刺激するコーディネーショントレーニングには、これらの能力をアップさせる動きがたっぷりと詰まっています。しかも、かんたんなエクササイズなので、「できた！」という成功体験がたくさん得られます。ぜひ、親子で楽しみながら体を動かしてください。

コーディネーションの 7つの能力

1 リズム

タイミングに
うまく合わせる
能力

2 バランス

バランスを保ち、
崩れた体勢を立て
直す能力

3 変換

状況の変化に対応して
迅速に対処する
能力

4 反応

合図に対して
すばやく対応する
能力

5 連結

体をスムーズに
動かす能力

6 定位

ものや人などと自分との
位置関係を把握
する能力

7 識別

手や足、道具を上手に
操作する
能力

ボディコーディネーション

SECTION 2

声がけや補助の必要性

子どもといっしょに楽しむことが大切

子どもにとって、大人はお手本です。１章で「運動能力は遺伝しない」と述べましたが、運動が好きになるか嫌いになるかはその子が育った環境が大きいといわれています。お父さん、お母さんが運動嫌いなら、子どもも運動が苦手になってしまうかもしれません。

近年、子どもとどうやって遊べばいいかわからないというお父さんが増えているそうです。でも、大人が近くで声をかけてあげるだけで、子どものモチベーションはアップします。手を差しのべるだけで、夢中になって体を動かすようになるでしょう。

ちょっとくらいできないことがあってもいいじゃないですか。お父さん、お母さんといっしょに体を動かしているうちに、ぐんぐん体力も向上していきますよ。学習の意欲もわいてくるでしょう。はじめはできなかったことも、すぐにできるようになるに違いありません。

子どもといっしょに楽しみながら体を動かす。それが、お父さん、お母さんに求められる「声がけ」であり「補助」なのです。

01 できないことを叱らない

「どうしてできないの！」とついついいってしまう人も多いのではないでしょうか。しかし、これは子どもから自信を奪ってしまう言葉。そうではなく、やる気にさせる声がけを心がけてください。「イチ、ニ、サン」と手拍子をしながらリズムを取ってあげてもいいでしょう。できた時にほめてあげることが重要です。

02 意識する筋肉をタッピングする

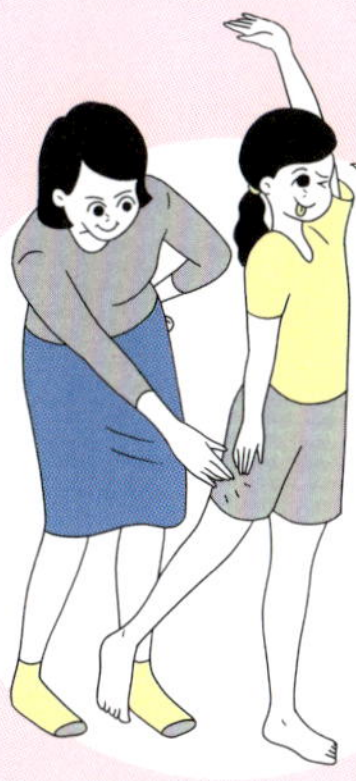

上手に体が使えていない時は、意識する筋肉がある部分をタッピング（軽くたたく）してあげるといいでしょう。太ももの裏やお尻まわりの筋肉など、ふだんの生活ではあまり意識することのない筋肉を動かす時に効果的です。親子のスキンシップも兼ねて、子どもの動きを阻害しない範囲で補助をしてあげてください。

03 楽しさをナビゲートする

より上達するための魔法の言葉があります。それが、「今のはよかったよ。こうすればもっとよくなるよ」というもの。たとえば、ちゃんとボールを投げられなかったとしても、「もしあと1時間で、今より3mも飛ぶようになったらすごいよね！」といって背中を押してあげる。言葉で子どものやる気を育みましょう。

ボディコーディネーション

SECTION 3

コーディネーショントレーニングのポイント

トレーニングで大切なのは“量”より“質”

子どもの運動能力をのばすためには、ただ数多くの練習をこなせばいいというわけではありません。タイミングや、やり方が非常に重要です。

特に子どもは、ケガやオーバーワークに気づかないまま練習を続けがちです。疲労が溜まった状態で強度の強いエクササイズを続けていると、ケガをすることがあります。力を抜く習慣をつけておくことも重要で、どんなスポーツでも、力んでいる時に失敗が起こります。ウォーミングアップでしっかりと体を温めてから運動に入るようにしましょう。

一流のアスリートもトライアンドエラーを繰り返してトップまで上り詰めていきます。子どもの運動能力をのばすうえで大切なのは、「できた！」という小さな成功体験を積みあげていくことです。何も考えなくてもその動きができるようになるまで、頑張って練習を続けましょう。

01 回数よりもフォームを大切にする

特に運動神経が発達段階のプレゴールデンエイジは、回数よりもフォームを大切にしてください。スピードやパワーは、心肺機能や筋力が発達するポストゴールデンエイジになると自然と身につきます。

02 運動中は呼吸を止めない

思いどおりに体を動かすためには、体がリラックスしている必要があります。そして、体をリラックスさせるためには、呼吸を止めないことが大切です。失敗というのは、緊張などで力んでいる時に起きやすいものなのです。

03 最初にウォーミングアップをする

筋肉が冷えている状態で急に体を動かすと、肉ばなれなどのケガにつながることがあります。スポーツをする前に、必ずストレッチで体を温めておくようにしましょう。練習後のクールダウンもわすれてはいけません。

04 少しずつでも続ける

オリンピックで活躍するような一流アスリートも、失敗と挑戦を繰り返して成長してきました。できなかったからといってすぐに諦めるのではなく、継続することが大切です。無意識にその動きができるまで反復練習をしましょう。

ボディコーディネーション

SECTION 4

走る力をのばすトレーニング

上半身に下半身の動きをつなげれば、走るスピードもアップする

「走る」ことは、陸上競技だけでなくあらゆるスポーツに必要な基本動作です。野球、サッカー、テニス、バスケットボールなどのスポーツは、試合中にとても長い距離を走ります。また、足が速いと自信につながり、運動会でもクラスのヒーローになれるでしょう。

左右の足で交互に地面を蹴り、前に進む推進力を得るのが「走る」動作のメカニズムです。下半身の力が重要ですが、だからといって上半身も無関係ではありません。腕をしっかりふることで、下半身の動きにつながります。つまり、腕を速くふれば、その分だけ足も速く動きます。上半身を安定させる筋力はもちろん、関節の柔軟性も重要。ストライド（一歩の幅）が大きくなれば、必然的に走るスピードもアップします。

一見するとシンプルですが、じつは奥が深いのが「走る」という動作。しかし、ポイントを１つずつクリアしていけば、足は必ず速くなります。

START《スタート》

➡P70

上半身
のエクササイズ ①

肩甲骨の動きを意識し、腕を大きくふることで、前に進む推進力を生み出す。

➡P72

上半身
のエクササイズ ②

上半身を前に倒したまま、できるだけ腕を速くふる。後ろまで腕を上げることで、リズムを身につける。

➡P74

下半身
のエクササイズ ①

太ももを高く上げて回転数を上げる。足を力強く引き上げることで、足とお腹をつなぐ筋肉を養う。

➡P76

下半身
のエクササイズ ②

足を大きく動かしてストライド（1歩の幅）を広げる。前側の足に体重が乗っていることを意識する。

➡P78

結合
のエクササイズ ①

体をゆっくり前に倒し、ギリギリのタイミングで足を出す。スタートダッシュが速くなる。

➡P80

結合
のエクササイズ ②

頭を下げたまま走り、前方に体重を乗せる。スタートから 25m までのスピードを速くする。

GOAL《ゴール》

RUN 走る　上半身・下半身・結合

回数
左右交互に 20回×3セット

上半身のエクササイズ①

大きく腕をふることで、前に進む推進力を養います。ポイントは指先までしっかりとのばすこと。肩甲骨の動きを意識しながら、リズムよく腕をふりましょう。

TARGET
アームスイングが大きくなる

腕の付け根の筋肉を大きく動かすことで、アームスイング（腕をふる動作）が自然と大きくなります。

お互いの
手のひらが
向きあうように

01
片方の手はバンザイ、もう片方を後ろに下げる

指先まで
力を入れる
足の広さは
肩幅程度

02
体の前で両手を交差させるように腕をふる

POINT

上体を動かさないように

上半身がねじれたり傾いたりしないように注意。腕が耳の横を通過するように、まっすぐ上げる（下げる）。肩甲骨を意識しながら腕の上げ下げをするのが理想です。

指先まで
力を入れる
下げたほうの
手のひらは
内側に向けておく

03

スライドさせた手をそれぞれ反対の位置まで持ってくる。これを交互に繰り返す

お父さんお母さんへの
アドバイス

腕が耳の近くを通るように

腕が耳の真横を通過するように、肩甲骨を意識しながら腕の上げ下げをするのが理想です。正面からチェックしてあげましょう。

回数
左右交互に 20回×3セット

上半身のエクササイズ②

気をつけの状態から、腰を落として腕をできるだけ速くふります。顔を上げ、上半身はおじぎの姿勢を保ったまま。ひじを軽く曲げて、走っている時と同じ状況をつくります。

TARGET
リズムが身につく
めいっぱい速く腕をふり、回転数を上げます。後ろまでしっかりとふることを意識しましょう。

足の広さは肩幅程度

01
正面を向いてまっすぐ立つ

背筋はしっかりとのばす

02
顔を正面に向けたまま腰を落とす

POINT

大きくふることを わすれずに

早く腕をふることが重要ですが、動きが小さくなると効果が半減します。手の高さが顔の前にくるまで、大きくふるようにします。

上半身が
ブレないように注意

03 腕を速くふる

お父さんお母さんへの
アドバイス

手拍子に合わせて腕をふってみよう

お父さん、お母さんが手拍子をし、それに合わせて腕をふると効果的です。手拍子のリズムは、少しずつ上げていきましょう。

RUN 走る　上半身・下半身・結合

回数
左右交互に20回×3セット

下半身のエクササイズ①

いよいよ本格的に走る練習をはじめます。まずはその場で全力ダッシュ。「よーい、スタート!」からすばやく手足を動かします。太ももをなるべく高く上げることを心がけてください。

TARGET
もも上げが速くなる

足とお腹をつなぐ筋肉を養うことで、足を力強く引きあげられるようになります。足の入れかえもすばやくなり、スムーズな走りにつなげます

01
直立の姿勢で立つ

02
手と足を前に出して「よーい」の姿勢

POINT 上体をまっすぐに

床と垂直になるように姿勢をまっすぐにし、太ももを高く上げます。ひざの角度は 90 度くらいが理想的。目線がふらつくと上半身も不安定になるので注意が必要です。

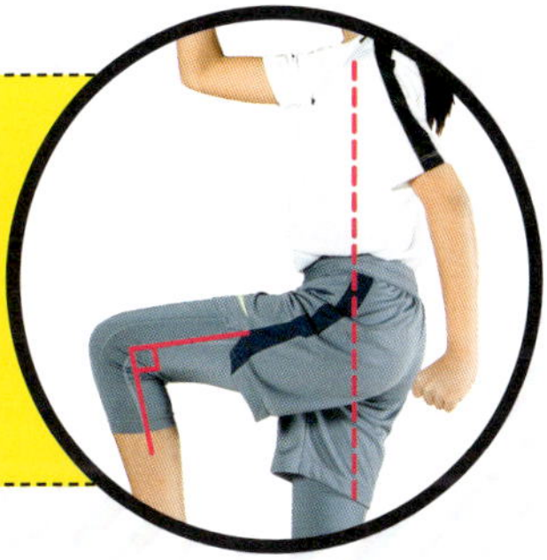

03 「スタート」と同時に手足を真上に交互に上げる

お父さんお母さんへのアドバイス 背筋をのばそう

へっぴり腰になると、後ろに体重がかかってしまいます。目線が正面に向いているか、背筋がのびているかを注意して見てあげましょう。

回数
左右交互に20回×3セット

下半身のエクササイズ②

足を前後に開いた状態から左右を入れかえます。足を大きく広げるには、腕も大きく動かさなければいけません。全身の使い方を自然と養います。

TARGET
足の回転数が上がる
太ももやお尻など、足腰の筋肉を養われ、走るときの回転数が上がります。歩幅が小さくならないように注意し、前後の足の幅を広げたまま回転数を意識しましょう。

01
全身をリラックスさせてまっすぐ立つ

足を肩幅程度に開く

02
足を前後に大きく開く

腕を前後に開き、走っているポーズ

POINT

前後の足の幅がせまくならないように注意

腕ふりの反動も利用して、できるだけ足を大きく開く。スピードが速くても、歩幅が小さいのは NG。足を開いた時は、前の足に体重がかかっていることを意識します。

03

足と手をすばやく前後に動かし、これを繰り返す

お父さんお母さんへのアドバイス

リズムよく足を入れかえよう

速く走るには、リズムを取ることが大事です。お父さん、お母さんが「タ・タ・タ・タ」と小刻みに手をたたき、その音に合わせてすばやく足を入れかえるとよいでしょう。

RUN 走る　上半身・下半身・結合

回数
5回×3セット

結合のエクササイズ①

走り出す時の体の感覚を養うエクササイズです。「もう倒れちゃう」というギリギリのタイミングで足を出し、スタートダッシュをかけます。

TARGET

スタートダッシュが速くなる

重心移動のトレーニングです。ひざのあたりに目線を落としたまま前に体を送り出すことで、スタートダッシュの感覚が身につき速くなります。

01

直立の姿勢で立つ

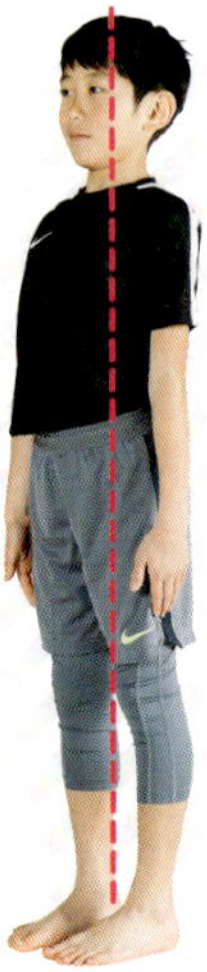

全身をリラックスさせる

体をまっすぐにのばす

ひざのあたりに目線を落とす

つま先に力をかけて踏ん張る

02

徐々に体を前に倒していく

POINT

倒れないギリギリまで我慢

「位置について。よーい、ドン」の一連の動作です。体を傾けたらギリギリまで我慢し、自然に足が前に出るまで待ちます。スタートの瞬間は、頭をしっかりと下げておくこと。

足と反対の手を
前に出す
大きく前に
踏み出す

03

ギリギリまで我慢して一歩だけ踏み出す

お父さんお母さんへの
アドバイス

背中を押してあげる

子どもの背中に手を添えて、反射的に足を出すところまで押し続けます。前に倒れるギリギリで足を出すと、効果的なスタートが切れます。倒れても大丈夫なように、布団の前で行うとよいでしょう。

回数
5回×3セット

結合のエクササイズ②

おじぎをしたまま走り、スピードに乗ります。頭を下げ、ひざをしっかり見て、前に体重をかけ続けます。50m 走なら、真ん中の 25m くらいまでなるべく前を見ないようにしましょう。

TARGET
50m走の初速が速くなる

スタートしてから 25m 付近までのスピードが上がります。体重をぐっと前に乗せることがポイント。

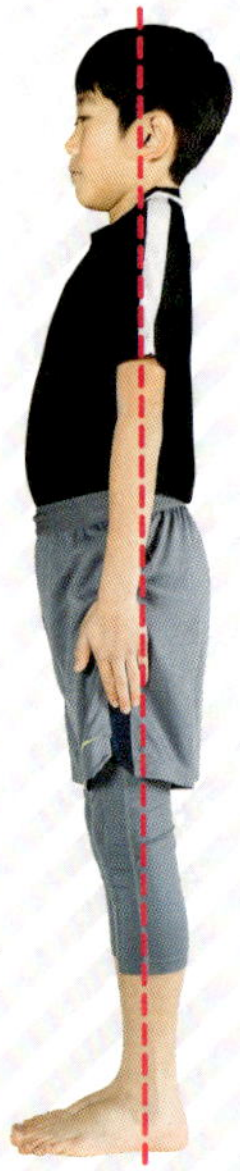

01 直立の姿勢で立つ

体は折らずに、
まっすぐのばす

02 直立の姿勢から体を前に傾けていく

POINT

あごが上がらないように注意

あごが上がり、上体を反ってしまうと、なかなかスピードは上がっていきません。あごを引き、頭を下げることで、体重が前にかかり大きな推進力を得ることができます。

前方に
体重をかける
頭を下げたまま、
目線をひざに
向ける
つま先で
しっかりと踏ん張る

03

ギリギリまで我慢してから足を前に出して、下を向いたまま10mから25m走る

お父さんお母さんへのアドバイス

体をしっかり前に傾けよう

体重が後ろにかかっていると、スタートで出遅れてしまいます。きちんと前のめりでスタートできているか見てあげましょう。

走ってみよう

エクササイズで学んだことを生かして、
実際に走ってみましょう。

01

スタートの前。
全身をリラックスさせる

02

体を徐々に前に傾ける。
目線はひざに向ける

姿勢を意識しながら走る

体を徐々に前に倒し、我慢し切れずに足が出たところがスタートです。つま先は進行方向に向けておくこと。ピストルの合図でスタートする時も、このタイミングを覚えておきましょう。走り出したら大きく腕をふり、リズムに合わせて足を前に出し続けます。50 メートル走なら、途中の 25 メートルまでおじぎの姿勢をキープするのが理想的。頭を下げることで、力を前にかけ続けられるので、大きな推進力が得られます。

03

我慢できなくなったら足を前に出してスタート

04

頭を下げて、前に推進力を生み出す

ボディコーディネーション

SECTION 5

跳ぶ力をのばすトレーニング

空中に跳びあがった時に、自分の体を自在に操る能力を身につける

地面を蹴って空中に上がったり前に進んだりするのが「跳ぶ」動作です。腕を大きくふりおろして反動をつけ、地面を蹴ったあとは、縮めた体を爆発的にのばします。上半身と下半身の連動が重要で、全身の筋肉を使っているといえます。

ジャンプ力が必要なスポーツは、陸上競技の走り高跳びや走り幅跳びだけではありません。バレーボールのアタックやバスケットボールのシュート、あるいはサッカーのヘディングなどは、空中で自分の体を自在に操る能力が必要です。フィギュアスケートの多彩なジャンプを覚えるためには、筋力だけでなくバランス能力や柔軟性も求められます。

「ゴールデンエイジ」と呼ばれる9～12歳までは、全身を大きく使って「跳ぶ」動作を体に染みこませてください。筋力や筋持久力が発達する「ポストゴールデンエイジ」になれば、ジャンプの高さや距離を大きくのばすことができるでしょう。

スタート
START

➡P86

上半身 のエクササイズ ①

腕を後ろに引きのばして、大きな反動をつける。背中の筋肉が鍛えられ、空中での姿勢も安定する。

➡P88

上半身 のエクササイズ ②

ポイントは肩甲骨の柔軟性。肩の筋肉をきたえて、体を真上に一気に引きあげる。

➡P90

下半身 のエクササイズ ①

空中で体をひねり、空間認識能力を高める。バレーボールのアタックやバスケットボールのシュートにつながる。

➡P92

下半身 のエクササイズ ②

爆発的な下半身の瞬発力を身につける。同時に上半身を使うことでバランス能力がきたえられる。

➡P94

結合 のエクササイズ ①

上半身と下半身の動きを連動させることで、空中で体を自在に操ることができる。

➡P96

結合 のエクササイズ ②

つま先を使って繰り返し跳ぶことで、瞬発力がきたえられるだけでなくリズム感も身につく。

ゴール
GOAL

JUMP 跳ぶ　上半身・下半身・結合

回数 10回×3セット

上半身のエクササイズ①

上半身の動きから覚えましょう。実際にジャンプはせず、上半身だけ勢いをつけてぐっと真上にのばします。腕をしっかりと後ろに引いて、反動をつけるのがポイントです。

TARGET 空中での姿勢が安定する

背中の筋肉を使うエクササイズです。これによって、ジャンプした時の空中姿勢が安定するようになります。

01 正面を向いてまっすぐ立つ

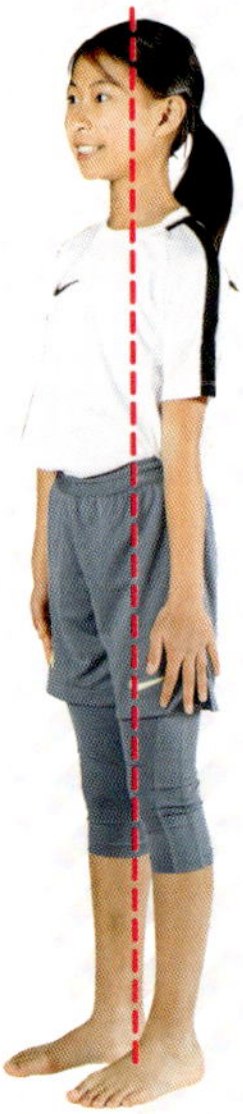

全身をリラックスさせましょう

02 体を前に倒し、腕を後ろに引く

目線は斜め下に向ける

POINT

指の先まで意識する

おじぎの姿勢の時は腕をしっかり引き、指先までピンとのばします。鳥が今まさに羽ばたこうとしているイメージ。そこから一気に真上にのびあがります。

実際に
ジャンプは
しない

03

「イチ、ニのサン」で真上にのびあがる

お父さんお母さんへの
アドバイス

指先を遠くまでのばそう

腕を後ろに引き上げた時、またバンザイの姿勢の時は、指先までしっかりとのばします。それによって、ジャンプする方向に強い力が加わります。指先までのびているかチェックしてあげましょう。

回数
10回×3セット

上半身のエクササイズ②

前ページと同じ上半身のエクササイズで、今度はひじを中心に一連の動きを行います。ひじを持ちあげると同時に、肩甲骨が引きあがっていることを意識しましょう。

TARGET

上手に体を引きあげられる

ひじを高く上げることで、肩の筋肉を養います。腕をふるスピードがアップし、瞬発的に体を引きあげる動作をマスターします。

ひじを肩よりも
高く上げる

01 正面を向いてまっすぐ立つ

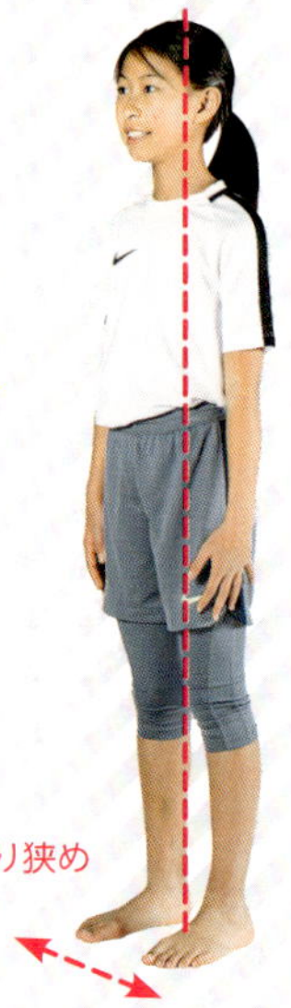
足は
肩幅より狭め

02 軽く握ったこぶしを体の正面で向きあわせる

POINT

肩甲骨を意識して ひじから上げる

両手で握っている棒を真上に引きあげるイメージです。ひじをしっかりと持ちあげることで、手が顔の前を通過します。肩甲骨を意識しながら引きあげるのが理想的。

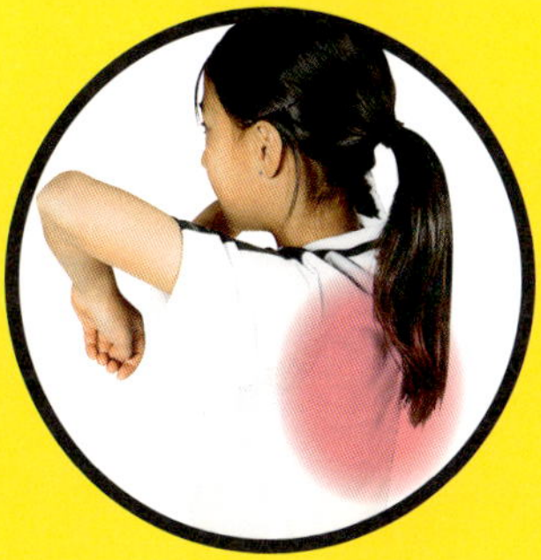

03

こぶしといっしょに ひじを真上に しっかりと持ちあげる

お父さんお母さんへのアドバイス

お腹を出さないようにしよう

ひじを引きあげた時にお腹が前に出ると、上に向かう力が抜けてしまいます。服の隙間からお腹が見えないようにチェックしてあげましょう。

回数
左右5回ずつ×3セット

下半身のエクササイズ①

ジャンプしたら空中で体をひねり、180 度回転して着地します。主に下半身を中心としたエクササイズです。半回転ができるようなったら、1回転ジャンプに挑戦しましょう。

TARGET

空間認識能力が高まる

空中でのバランス能力を高めるには、回転系のジャンプが効果的。バレーボールのスパイクやバスケットボールのシュートが上手になります。

02 おじぎポーズで手を後ろに引く

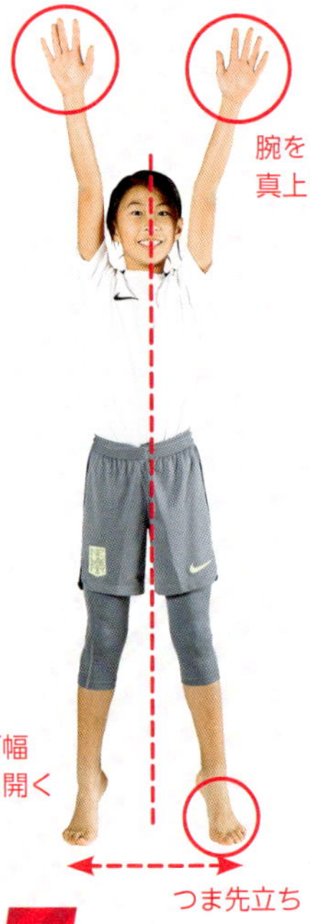
真上に
足は肩幅
程度に開く

01 体を大きくのばした姿勢からスタート

POINT

上体と腕の勢いで回転する

真上にジャンプし、上半身を中心に体をひねります。下半身はあとからついてくるイメージ。腕はできるだけ耳の横。向きたい方向に目線を向けます。

腕をふりあげる
勢いを使う

03

空中で体をひねる

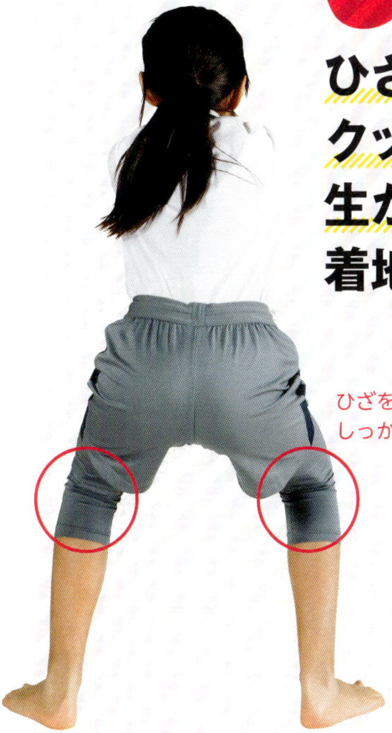
ひざを
しっかり曲げる

04

ひざのクッションを生かして着地する

お父さんお母さんへのアドバイス

ひざをクッションのようにやわらかく使おう

着地の時は大きな衝撃がひざにかかります。ひざを痛めないように、着地の時にひざがのびていないか注意して見てあげましょう。

JUMP 跳ぶ　上半身・**下半身**・結合

回数
左右10回ずつ×3セット

下半身のエクササイズ②

片足ジャンプのエクササイズで、下半身の力を養います。バランスを崩しやすいですが、顔や体がぐらぐらしないようにすること。胸を張ってジャンプするのがコツです。

TARGET
高くジャンプできる
脚力を強化するエクササイズです。片足ずつ力をつけることで、両足でジャンプした時により高く跳べるようになります。

こぶしを軽く握り、胸の高さまで上げる

01
背筋をのばしてまっすぐ立つ

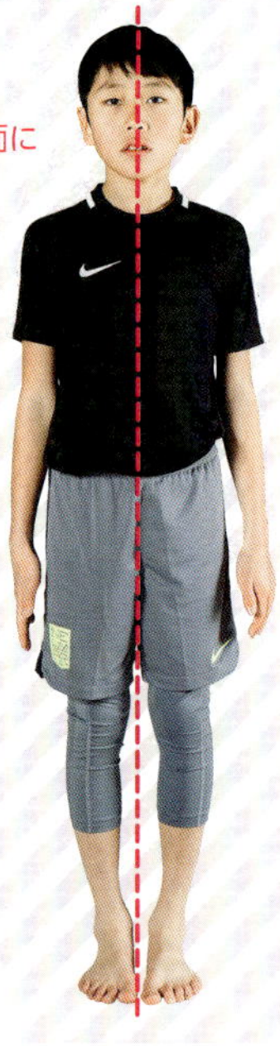

目線は正面に向ける

02
片足でぐっと踏みこむ

03

下半身の力のみを使ってジャンプ。これを交互に行う

POINT

目線を下げず背中を丸めない

背中が丸まっていると、ジャンプした時の突きあげる力が弱くなります。また、目線が下がると肩甲骨や腰も丸くなるので注意。斜めではなく、できるだけ床と垂直に跳びましょう。

お父さんお母さんへの アドバイス

ひじの位置が動かないように

跳ぶ瞬間にひじが下がると腕の力を使ってしまい、下半身への負荷が減ってしまいます。ひじの位置が動かないように見てあげましょう。

回数
10回×3セット

結合のエクササイズ①

スクワット、腕立て伏せ、ジャンプなどの一連の動作を取り入れた、いわゆるバーピージャンプです。1つ1つの動きを大きく行うと、より効果があります。

TARGET
巧みに体を操ることができる
脚力アップと同時に全身の筋肉の使い方を向上させるエクササイズです。巧みに体を操る巧緻性が養えます。

01 背筋をのばしてまっすぐ立つ

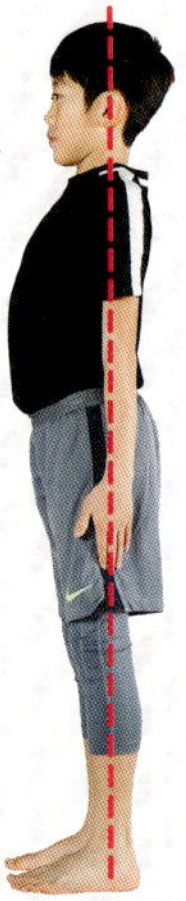

目線を正面に向ける

02 ひざを曲げて床に手をつく

しっかりと腰を落とす

03 足を後ろにのばす

床についた両手で体を支える

04 ひざを曲げて元の位置に戻る

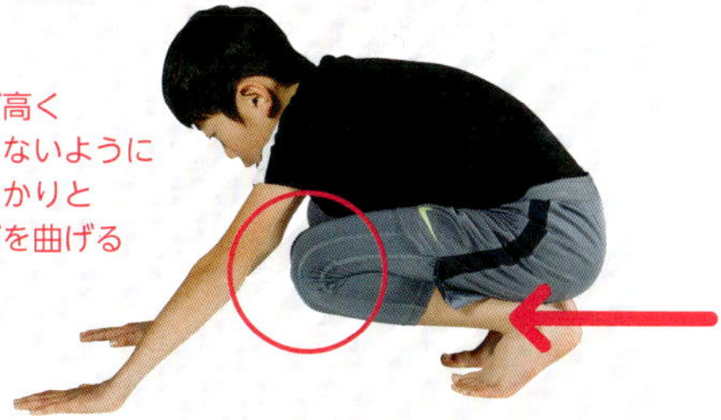
腰が高く
ならないように
しっかりと
ひざを曲げる

05 真上に大きくジャンプする

頭の上で
手をたたく

POINT

足の動きを最後まで大きく

足を前後に曲げのばしする時は、ひざをしっかりのばし、曲げること。腰がのびた状態で行っても、エクササイズの効果は半減します。大きく体を動かしましょう。

お父さんお母さんへのアドバイス

バンザイで手を打とう

連続で行うと動きが小さくなり、さらに頭の上で手をたたくのをわすれがちです。ちゃんとたたけているかチェックしてあげましょう。

JUMP 跳ぶ　上半身・下半身・**結合**

回数
連続で10回×3セット

結合のエクササイズ②

ぴょんぴょんとリズムよく、繰り返しジャンプします。大切なのはリズム感。体の軸を安定させ、つま先を使いながら跳びます。できるだけひざを高く上げてください。

TARGET
ジャンプ力と瞬発力が身につく

高いジャンプに求められる爆発的な下半身の力を養います。ひざを抱えるために必要な腹筋もきたえられます。

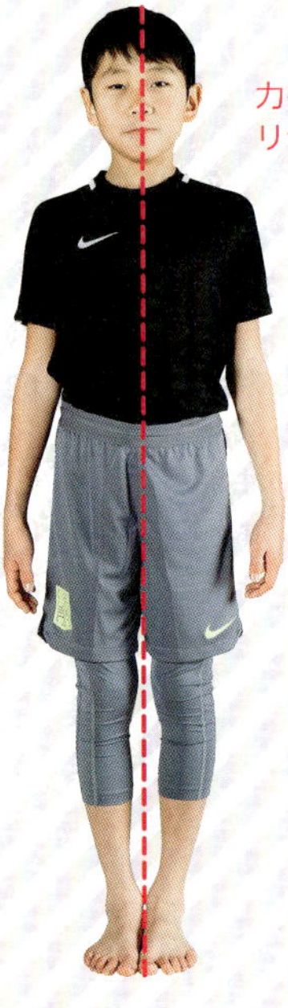
力を抜いて
リラックス

01
目線を正面に向けてまっすぐ立つ

02
手を肩の高さまで上げる

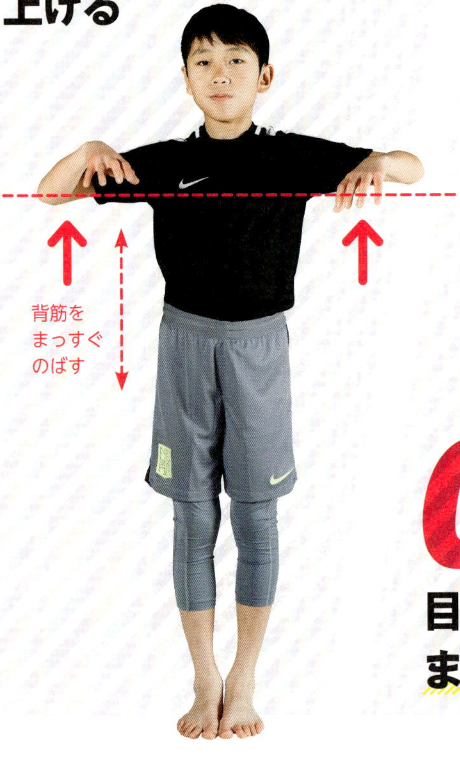

03

つま先を使って足を引きあげるようにジャンプする

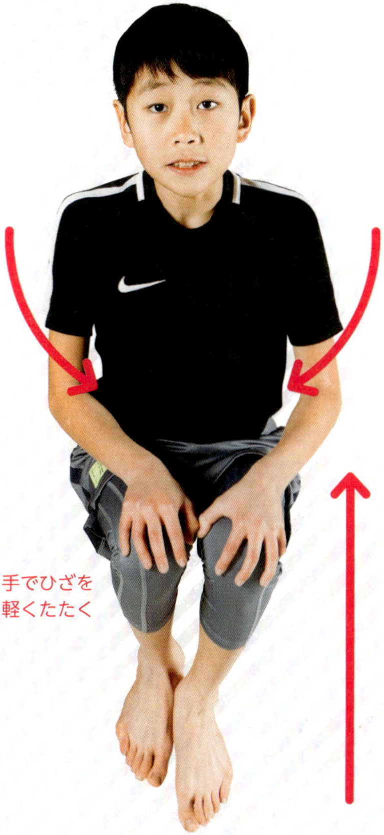

POINT

着地の時にかかとをつけない

かかとがべたっと床についてしまうと連続でジャンプすることができません。しかも、腰が落ち、上半身も前に傾いてしまいます。つま先を使ってリズムよく跳びましょう。

お父さんお母さんへのアドバイス

太ももをたたいてみよう

強度の高いエクササイズなのではじめはひざをたたけないかもしれません。無理をさせず、太ももをたたくところからはじめるとよいでしょう。

跳んでみよう

全身のバネを生かして、高く跳びあがります。

01

背筋をのばして
まっすぐ立つ

02

両手を前に出して
バランスをとる

天井にタッチするつもりで

イチ、ニのサンでバンザイジャンプをします。体力テストで行う垂直跳びと同じ要領です。ポイントは、全身を大きく使って跳ぶこと。反動をつける時も、体をしっかりと沈めて手を後ろに大きくふりあげましょう。反発力が大きいほど、跳びあがる時にパワーが加わります。また、体の軸がふらふらしていると、上半身が安定しません。目線を正面に向けて上体を安定させ、両手で天井に触るつもりで真上に跳ぶ意識を持ちます。

03

手を後ろに大きくふりあげる

04

反動を利用して真上にジャンプする

ボディコーディネーション

SECTION 6

投げる力をのばすトレーニング

足や腰、体をひねる力を利用して力強いボールを投げる

力強いボールを「投げる」には、全身の力をうまく連動させなければいけません。さらに正確性も求めるなら、瞬発力（すばやく動き出す力）に加えて巧緻性（指先を巧みに使う能力）も必要になってきます。
「投げる」動作が必要なスポーツは、野球、ボウリング、陸上競技（やり投げ、砲丸投げ、ハンマー投げ、円盤投げ）などさまざま。中でも野球のピッチャーが力強いボールを投げるには、足や腰あるいは体をひねる力が非常に重要だといわれています。具体的には、投げる腕の反対側の足（ステップ足）を前に踏み出し、反対側の足を軸に上半身をひねって腕を後方に引きます。さらに軸足からステップ足に向けて重心を移動。最後に腕をムチのようにしならせて、手からボールをリリースします。

また、「投げる」動作は「走」「跳」に比べて男女差がもっとも大きく、男子の場合、幼児期に急激に動作が向上します。

スタート
START

➡P102

上半身のエクササイズ①

体全体を使って肩甲骨を動かすことで、投げる動作の中でうまく機能するようになります。

➡P104

上半身のエクササイズ②

右腕と左腕のスムーズな入れかえ動作を獲得。体をひねり、ボールを持った手を後ろに引く力がアップ。

➡P106

下半身のエクササイズ①

前側の足をしっかりと踏みこみ、軸足でバランスを取りながら体重を支える。

➡P108

下半身のエクササイズ②

お尻を中心とした股関節周りの筋肉を鍛え、前足の力強い踏み出しを可能にする。

➡P110

結合のエクササイズ①

勢いよくボールを前に運ぶ体重移動を身につける。できるだけ大きく股を広げるのが上達のコツ。

➡P112

結合のエクササイズ②

四股踏みのタテ方向バージョン。実際の投げる動作に近いので、スムーズな体重移動が体得できる。

投げ方が
きれいだと
かっこいいね!

ゴール
GOAL

THROW 投げる　上半身・下半身・結合

回数
10回×3セット

上半身のエクササイズ①

全身を使ってのびあがります。全身に神経を行き渡らせて、大きく体を動かしましょう。P86のトレーニングに似ていますが、ここでは胸を開いて肩甲骨を動かすことが重要です。

TARGET
肩甲骨をうまく動かせるようになる

投げる動作は肩甲骨をやわらかく動かすことが重要です。体の反動を使って肩甲骨の上下の動きを自然に身につけることができます。

02 背中を丸めて、体をちぢめる

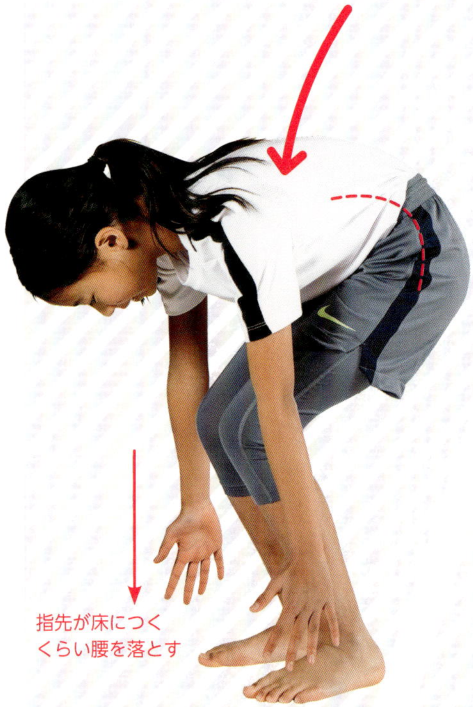
指先が床につく
くらい腰を落とす

手が上に
ある時は
つま先立ち

01 両手を上げて、全身を上にのばす

POINT

指先までピーンとのばす

全身を使って体をのばすことがポイントで、場所を選ばずかんたんにできる運動です。「イチ、ニのサン」で天を仰ぐように、大きく体をのばします。

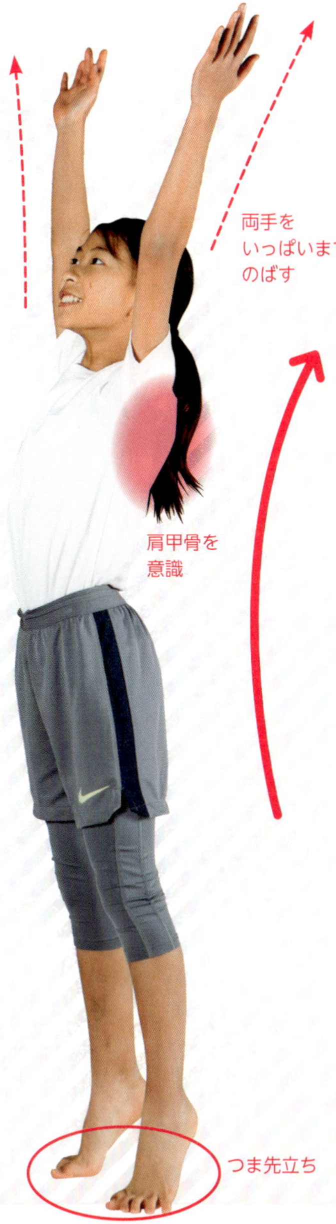
両手を
いっぱいまで
のばす
肩甲骨を
意識
つま先立ち

03

全身をしっかり使ってのびあがる

お父さんお母さんへの
アドバイス

ジャンプしないように

腕をふりあげた時にジャンプしてしまうと、意識が足にいってしまい効果が薄れます。ジャンプしないようにチェックしてあげましょう。

THROW **投げる** 上半身・下半身・結合

回数
左右10回ずつ×3セット

上半身のエクササイズ②

陸上競技のやり投げの要領で、投げる時に必要な重心の移動を覚えます。前後にのばした手を、肩からしっかり入れかえることが重要です。左右両方できるようになりましょう。

TARGET
強いボールが投げられる

肩のエクササイズです。右腕と左腕の入れかえ動作を練習することで、効率的にボールを前へ運ぶことができるようになります。

目標に向ける
左の手のひらは下、
右の手のひらは
上に向ける
左足を半歩前に

01 両足を軽く広げて直立する

背筋を
のばしたまま
リラックス

02 左足側に左手を、右足側に右手をのばす

POINT

腕が一直線になるように

後ろ側の肩を前に、前側の肩を後ろに移動させ、腕が一直線になるようにします。胸を張り、顔と目線はやりを投げる方向に向けます。後ろの足のかかとが浮くのは問題ありません。

まっすぐ前に
向かって投げる
イメージ
ひじをのばす
かかとは
浮いても OK
重心を
後ろから前に

03

やりを投げるように肩を入れかえる

お父さんお母さんへのアドバイス

投げる方向をしっかり意識

投げる前に、投げるほうと反対の手を目標に向けると、狙いが定まりやすくなります。お父さん、お母さんが前に立って目印になってあげましょう。

THROW 投げる　上半身・下半身・結合

回数
左右10回ずつ×3セット

下半身のエクササイズ①

フロントキックで下半身の動きを養います。けり足はもちろん、体をしっかり支える軸足も重要です。股関節の可動域が広がり、ダイナミックなフォームが身につきます。

TARGET

ムチのような「しなり」が身につく

太ももの筋肉を養うことで、上半身と下半身の連動性が高まり、上手に体をしならせることができます。ムチのような動きを意識しましょう。

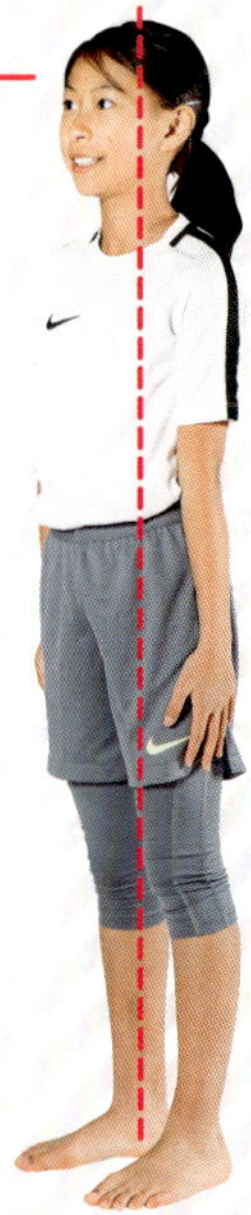
目線は正面に
向ける

01
背筋をのばしてまっすぐ立つ

反対側の足も
後ろに引く

02
体を反り、腕を大きくふりあげる

POINT 腕を後ろにもっていき体をしならす

体を弓なりに反らします。その時、上げたほうのひじをまっすぐのばすこと。利き腕だけでなく、両方ともできるようになりましょう。

ひじと足をできるだけのばす

03

ふりあげた足のつま先にタッチ

お父さんお母さんへのアドバイス

手をついて体を支えてもOK

体が不安定になりやすいので、慣れるまではふりあげる反対の手を壁についてもかまいません。手を持って支えてあげてもよいでしょう。

THROW 投げる　上半身・下半身・結合

回数
左右5回ずつ×3セット
終わったら反対回し

下半身のエクササイズ②

手を壁について、反対側の足をまっすぐけりあげます。上半身がぐらぐらと動かないように、しっかりと固定しましょう。けり足は床と水平になるくらいまで上げます。

TARGET

踏みこみ動作が強くなる

ボールを遠くに投げるには、足を大きく力強く踏み出すことが重要です。お尻を中心とした股関節周りの筋肉を使うことで、強い踏みこみ動作を養います。

床と水平に
なるように

01 壁に手をつき、反対の足を下げる

反対の手は
胸の高さまで
上げる

02 けり足を前にふりあげる

POINT

足をできるだけまっすぐに

けり足、軸足ともにひざをしっかりのばすこと。軸足と体が一直線に、けり足は床と水平になるまで上げるのが理想的。けり足のつま先も前方に向けてまっすぐのばします。

03

ふりあげた足を体の真横に回す

お父さんお母さんへのアドバイス

お尻の横を意識しよう

中臀筋（お尻の横の筋肉）が重要になるので、そこの部分を優しくタッピング（軽くたたく）して示してあげると、意識できるようになります。

THROW 投げる 上半身・下半身・結合

回数 10回×3セット

結合のエクササイズ①

お相撲さんが土俵で踏む「しこ」は、足腰の強化に効果的な最強のエクササイズです。片足で自分の体重を支えるので、ボールを投げる際の重心移動が身につきます。

TARGET

勢いよくボールを投げられる

後ろ側の足から前側の足への重心移動が上手になり、ボールを勢いよく前に運ぶことができるようになります。

01 足を大きく開いて腰を落とす

両手を水平に広げる

02 片側の足に体重を乗せる

軸足一本にしっかりと体重をかける

POINT

ひざが折れ曲がらないように

軸足に体重が乗っていないと、ひざが曲がりバランスが崩れます。上げた足のつま先と軸足のつま先が横から見た時に同じラインにあるようにして、しっかりと体重を乗せましょう。

できるだけ足を
高く上げる
へっぴり腰に
ならないように注意

03

上げたほうの足を元の位置に戻して反対側の足を上げる

お父さんお母さんへのアドバイス

大股でやろう

足幅が小さくなると、重心が移動する距離も短くなり効果が半減します。しこを踏む時は、大きく股を広げるようにアドバイスしてあげましょう。

THROW 投げる 上半身・下半身・結合

回数 左右10回ずつ×3セット

結合のエクササイズ②

実際に投げる動作に近づけて、体重移動をよりスムーズにします。右利きの人も、反対の左手で投げる練習をしておくと、バランスよく体をきたえることができます。

TARGET

投げるときの体重移動が上手になる

実際にボールを投げることを想定したエクササイズです。後ろ側の足から前側の足に向かって、しっかりと体重を乗せていきましょう。

01 手足を広げ、投げるほうに顔を向ける

手を
投げるほうに
向ける

ひざをのばして
しっかりと
体重を乗せる

02 後ろ足に体重を乗せてふりかぶる

POINT

前の足のひざをのばしきらない

床につけた足のひざがのびきっていると、体重が前にうまく乗りません。つま先は投げるほうに向けること。体重が後ろから前に移動していることを意識して行います。

03

投げるほうの足を床についてバランスをとる

お父さんお母さんへのアドバイス

踏みこむ足を高く上げよう

しっかりと足を上げて、思い切って踏みこむことが重要です。足を高く上げ、しっかり前に出すことをアドバイスしましょう。

投げてみよう

体重移動を生かして、ボールを遠くへ投げます。

01

ボールを持って構える。
この時の重心は体の中心

02

足を上げて
大きくふりかぶる。
重心は後ろ側の足

体重移動を意識しながら投げる

ボールを投げる時は、体重移動が重要なポイントです。ふりかぶった時の体重は、後ろ側の足に乗っているのが基本。そこから重心を徐々に前方に移動させ、ボールが手からはなれる瞬間、指先に力を加えます。小学生までは、遠くに投げられないからといって心配する必要はありません。スピードやパワーは、筋肉や骨格が成長する中学生頃からでも身につきます。まずは正しいフォームで投げることを意識して練習しましょう。

03

投げるほうに顔を向けて前に重心を移動する

04

指先に力を入れてボールをはなす

＼気づいた時にやりたい／

かんたんエクササイズ

いつでも、どこでも、かんたんにできるエクササイズです。
常に体を動かして、体の機能を高めましょう。

オープン＆クローズ

胸を大きく
開きながら
息を吸う
足は
肩幅に開く

01

両手を大きく開き、大きく息を吸う

背中を
丸めながら
息を吐く

02

広げた両手をふりおろしながら、
ゆっくり息を吐ききる

TARGET

リラックス効果と姿勢を正す

しっかりと息を吸い、吐くことで酸素が全身に行き渡り、リラックスしてすっきりします。胸を開くことで姿勢を正しくリセットする効果もあります。

肩甲骨体操

手のひらは
外側に向ける

01

**手のひらを
軽く外に向けて
バンザイ。
腕を耳の横に
つける**

目線は
斜め前方を
向けたまま

肩甲骨が
締まるのを
感じながら
ひじを曲げる

02

**上を見たまま、ひじを曲げて
キュッと下に引く。
肩甲骨が意識できればOK**

TARGET

肩甲骨の可動域を広げる

かんたんに肩甲骨を開いて閉じることができるため、定期的に行うことで、肩甲骨周りの筋肉をやわらかく保つことができます。

足首屈伸

01

足首をつかんで
ひざを曲げる

両足の足首を
しっかりと握る

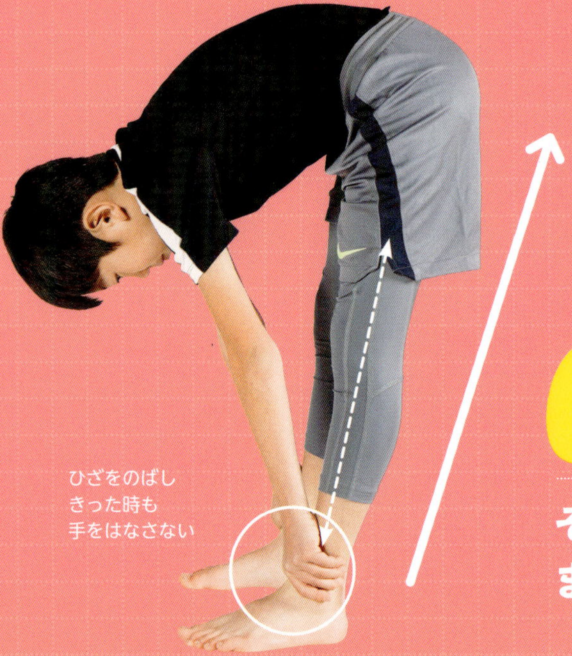

ひざをのばし
きった時も
手をはなさない

02

そのままひざを
まっすぐのばす

TARGET

足をストレッチし強化する

太ももの裏とふくらはぎがのびてやわらかくなります。繰り返し行うことで適度に筋力を強化することもできます。

ねじねじ体操

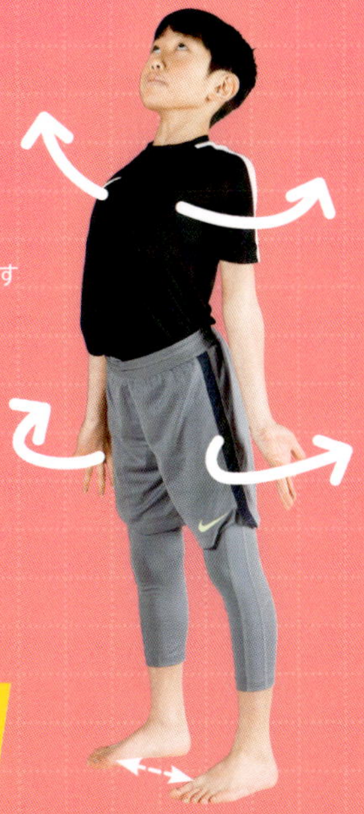
手の回転と
いっしょに
胸を押し出す
イメージ
足は肩幅に開く

01

手をぐっと外に向けて
胸を張り、上を向く

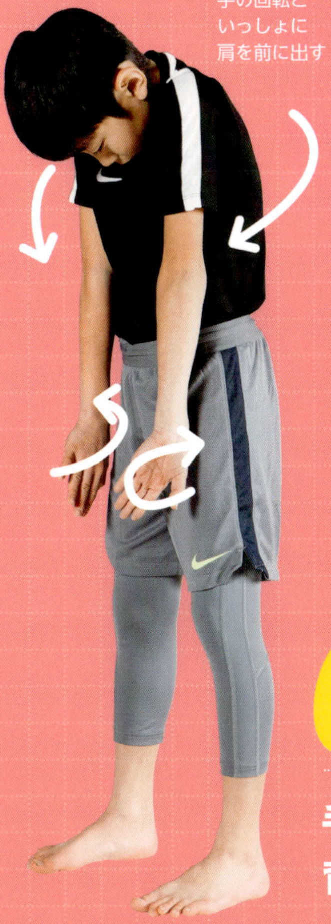
手の回転と
いっしょに
肩を前に出す

02

手を内側にぐるっと回し、
背中を丸める。これを繰り返す

TARGET

腕をやわらかく使える

肩の可動域を広げ、腕をやわらかく使えるようになります。肩甲骨にもつながっているため、肩甲骨の動かし方も上手になります。

ゴールデンエイジにおける

食事&水分補給のすすめ

体をつくるのは たんぱく質!

人間が生きていくうえで欠かすことのできない三大栄養素は、「炭水化物」「脂質」「タンパク質」です。

中でもタンパク質は、髪の毛や爪、皮膚、筋肉などの組織をつくっているのでとても大切です。タンパク質が不足すると、筋肉が衰えたりケガをしやすくなるので注意しなければいけません。

タンパク質は主に肉や野菜、卵、豆などに多く含まれています。1日に必要なタンパク質の量は「体重×1〜1・5g」が目安。つまり、体重が40kgなら40〜60gです。牛肉なら100gに約20g、鮭なら70g（一切れ）に約16g、納豆なら1パックに約12・5gのタンパク質が含まれています。育ち盛りの子どもは、年齢や体重に応じたタンパク質をしっかりと摂るようにしてください。

子どもの頃に正しい食習慣を身につけておくと、大人になってからの生活習慣病を予防することもできます。好き嫌いなく、いろいろな種類の食品を食べるようにしましょう。

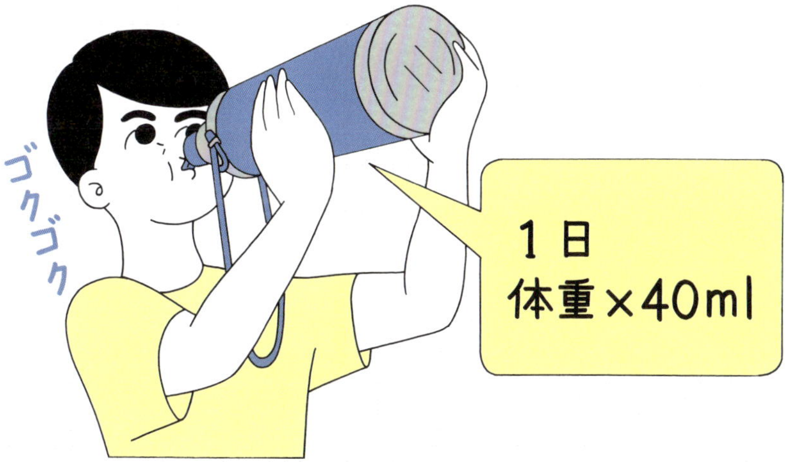

一方で、砂糖の摂りすぎには注意が必要です。砂糖を過剰に摂取すると、集中力の低下を招いたり、キレやすくなるなど、不安定な精神状態に陥りやすくなるといわれています。

おやつの目的は、あくまでも食事で補えない栄養を補給すること。それなのに、炭酸ジュースやスナック菓子ばかり食べていると、糖分や脂質過多になってしまい、補給どころかかえって発育や発達を妨げてしまいます。特にスナック菓子は脳にも悪影響を与えるので、子どもはできるだけ控えたいものです。

水分補給は計画的に

暑い夏は、家の中にいても熱中症になることがあります。こまめな水分補給を心がけてください。汗がたくさん出ている時は、スポーツドリンクを半分から3分の1に薄めたものを飲む。利尿作用のない麦茶でもかまいません。あまり汗をかいていないなら水でもいいでしょう。

喉が渇いたと感じた時は、すでに脱水が起こっている証拠。運動の前後はもちろん、運動中であっても30分に1回は水分を補給してください。1日に必要な水分量は、「体重×40㎖」が目安。体重が50kgだったら1日2000㎖、つまり2ℓの水分補給が必要です。

ゴールデンエイジにおける 睡眠&入浴のすすめ

しっかり守りたい 入眠の儀式

成長ホルモンがたくさん分泌される22時から翌日の2時までを「ゴールデンタイム」といいます。深い睡眠が得られる時間帯で、この間に身長がのびたり、その日の記憶が定着したりします。

睡眠不足は、デメリットしかありません。眠たい目をこすりながら運動をしても、注意力が散漫になったり、気分がイライラしたり、その結果としてケガを引き起こすこともあります。疲労から早く回復するためにも、やはり深い睡眠を取るのが理想といえるでしょう。

「子どもが早く寝てくれない」というお父さんお母さんの悩みを聞くことがあります。そんな時は、入眠の儀式がおすすめです。

❶ベッドに入る1時間前にはテレビやスマートフォンを消す

❷寝る前は水分補給を控える

❸寝る時は部屋を真っ暗にする

テレビやスマートフォンのブルーライトを浴びると、脳が興奮して眠りが浅くなってしまいます。また、寝る前

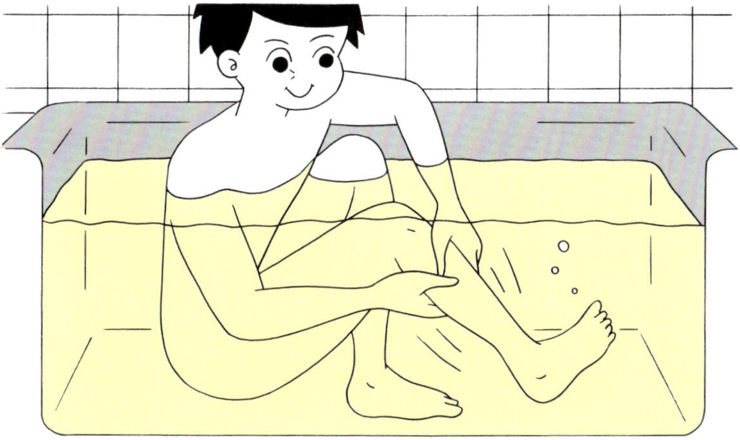

に水分を摂りすぎると、夜中にトイレに行きたくなり、これも眠りが浅くなる原因になります。よほど汗をかいたり、のどが渇いたりした時でなければ、口を潤す程度にしましょう。

　これらのことを実際にやってみると、意外と深い睡眠が得られ、翌朝もスッキリと起きられるようになります。ぜひ、試してみてください。

お風呂で第二の心臓をマッサージ

　入浴にも早く疲労を回復させる効果があります。特にすねの骨の際は老廃物が溜まりやすく、そこを押しながらマッサージしてあげるといいでしょう。

　小学生くらいの年代だと、この部分を軽く押しただけで跳び上がるほど痛がる子がいます。じつはそういう子は、将来的に疲労骨折を起こすリスクが高くなるといわれています。また、中学生や高校生になった時に、すねの骨の内側や外側が痛むシンスプリントと呼ばれる障害を引き起こす可能性が高まります。筋膜の炎症が主な原因なので、お風呂に浸かりながらふくらはぎをしっかりと揉んでおくようにしましょう。

　ふくらはぎは、「第2の心臓」と呼ばれるくらい大事な部位です。しっかりとのばして、老廃物を体の外に追い出してください。

　入浴のタイミングは、睡眠の約1時間前が理想です。何より入浴は、親子がコミュニケーションを図る大切な時間。一日のできごとを子どもと話しながら、楽しく入浴しましょう。

もっと知りたい

お悩みQ&A

完璧にすべての運動ができる人間はいないはず。ここでは、実際に小学校の子どもを持つお父さん、お母さんの、子どもの運動についてのお悩みを聞きました。

Q.1 子どもの走る姿を見ていると、5、6歩走っただけでよろけてしまいます。どうしたらよいでしょう？

A.

走る時に体がよろけてしまうのであれば、速く走る練習より、まずは体を制御する力をきたえましょう。脳でイメージした通りに体を動かすことを、専門用語で「神経筋制御」といいます。この能力を養うには、じつは走るトレーニングよりもジャンプのトレーニングのほうが有効な場合があります。P90のような、実際にジャンプして着地するトレーニングをやってみましょう。また、P52～P59の腹圧のトレーニングも体の安定感を高めるのに有効です。

Q.2 運動をする時、どうしても使わないほうの手が動きません。たとえば、右手でボールを投げる時、左手がまったく動かせないので不自然です。

A.

運動の動作を上達させるには、①フォームの習得 ②力の入れ方を知る、という２つのステップを踏むことが大切です。まずは、ぜんぜん遠くへ投げられなくてもよいので、正しい動きを練習しましょう。フォームの習得段階から「遠くへ投げたい」という意識で行ってしまうと、なかなか次のステップへ進めません。右手の動作、左手の動作、両足の動作、腰の動きなど、全身がどのように動けばよいかを、まず子どもといっしょに考えましょう。

Q.3

**正しい動きを覚えさせたいので、見本として
やって見せるのですが、上手に真似ができません。
これはどうにもならないのでしょうか？**

A.

人間はもともと真似が上手な動物です。真似が上手か下手かは単純に真似をする機会の多寡の差といってよいでしょう。「きれいだな」「かっこいいな」と思うスポーツ選手の動きがあれば、まずは真似をしてみることが大切です。その機会が多ければ多いほど、どんどん見たものを吸収できるようになっていきますよ！

Q.4

**運動会に向けて
この本のトレーニングを始めようと思います。
どのくらい前からスタートすれば間に合いますか？**

A.

２カ月くらい前からスタートすれば効果が期待できます。１カ月はフォームの習得、もう１カ月はその動きのレベルアップだと思ってください。とくに最初の１カ月が重要です。ここでは「速く走る」「高く跳ぶ」「遠くへ投げる」ことよりも、無意識に正しい動作ができるようになることが肝心です。そこをクリアできれば自然と結果がついてくるでしょう。

Q.5

**マラソン大会の練習をするつもりなのですが、
あまり走らせすぎるのもどうかと思っています。
どのくらいの距離を、
どのくらいの頻度で走るのがよいでしょうか？**

A.

確かに発達段階で過度のランニングは、故障や成長痛などの原因になってしまいます。小学校低学年から中学年は1km、高学年は2kmぐらいが目安になるでしょう。また、毎日走るのもおすすめできません。週３日程度、日数の間隔をおいて取り組みましょう。

おわりに

人生のピラミッドを頭に思いうかべてみてください。

３段階で構成されたピラミッドの頂点にあるのが「**夢**」です。「オリンピックに出たい」「大会で優勝したい」「プロ野球選手になりたい」。スポーツでなくてもかまいません。「学者になりたい」「お花屋さんになりたい」。子どもはたくさんの夢で胸を膨らませていることでしょう。

どんな夢であっても、そこに向かって１００パーセントの力を出し切りたいなら、自分を信頼し自信を持つことが必要です。

これが、2段目の「**自己愛**」。

みなさんのお子さんは、自分に自信を持っていますか？　自分の能力を過小評価していないでしょうか。何かを言いわけにして、夢を持つことをあきらめていませんか。自己愛がなければ、大きな目標に向かっていくことはできません。

そして、その自己愛を支えているのが「**体づくり**」です。

ピラミッドの一番下。人生において土台となる部分です。それは、老若男女すべての人が同じ。「自分だったらできる」という自信は、「体づくり」から生まれるものなのです。

僕はこれまで、下は2歳から上は１０５歳まで、３０００人におよぶ人たちをマンツーマンで指導してきました。人間の生物学的なピークは男性で25歳、女性で22～23歳といわれていますが、どうやって人は大きくなり、そして衰えていくのかをずっと目の当たりにしてきたのです。

そうした経験を経て、自分に課したミッションが〝日本人の基礎体力を底上げする〟ことでした。

体は〝一生の相棒〟であり、命を支える〝器〟です。体のどこかを痛めてしまえば、それだけで人生の自由度は狭まってしまうでしょう。それなのに、僕を含めた多くの人が、健康のありがたみを忘れてしまっているような気がします。

もちろん健康がすべてではありません。ですが、健康を失うとすべてを失います。

だからこそ僕は、こう思うのです。

1人1人が健康の大切さに気づき、死ぬまで自分の足で歩き、そして、素敵な景色に出会い、おいしいものを食べる。

そんなみなさんの人生を応援していきたいと思っています。

「最高の人生に、最高の相棒（体）を！」

いつか、みなさんとお会いできることを楽しみにしています！

著／ **谷 けいじ**（たに・けいじ）

1986年生まれ。福岡大学スポーツ科学部卒。株式会社ライフチアーズグループ代表。パーソナルトレーニングジム レブルス代表。大学卒業後は、イチロー選手や三浦知良選手のトレーナーとして有名なオリンピックトレーナーのもとに半年間住込み、技術を磨く。トレーニング現場で4年間経験を積んだ後は病院のリハビリテーション、介護施設に活動の場を移し、要介護認定を受けている方々のリハビリを担当後、現在に至る。これまで2歳から105歳まで、Jリーガー、競輪選手、プロゴルファーなどトップアスリートから一部上場企業の経営者などのビジネスエリート層、さらには寝たきりの高齢者まで、マンツーマントレーニングを中心に2,000名以上のトレーニング指導に従事。広告などの宣伝を全く行わず、口コミだけで半年先まで予約待ちの人気ジムに。トレーナー活動と並行して都内を中心に講演活動、小学校での課外授業を行うほか、川崎FMスポーツ番組ラジオパーソナリティ、雑誌連載、TV出演など活動の幅を広げている。著書に『どんな人でも、ペタッと前屈！』（永岡書店）がある。

イラスト　石山好宏
企画・編集　株式会社ナイスク（http://naisg.com）
松尾里央　高作真紀　三上恒希
取材・執筆　岩本勝暁
カバーデザイン　柿沼みさと
デザイン・DTP　佐々木志帆（ナイスク）
撮影　中川文作
モデル　中野希生　柳田一颯
協力　葛飾区観光フィルムコミッション
株式会社ライフチアーズグループ

参考書籍　『脳を鍛えるには運動しかない！
最新科学でわかった脳細胞の増やし方』（NHK出版）
『やさしい生理学　改訂第6版』（南江堂）

12歳《さい》までの最強《さいきょう》トレーニング

2018年4月19日　初版第1刷発行
2023年6月19日　初版第6刷発行

著　者…谷 けいじ
発行者…岩野裕一
発行所…株式会社実業之日本社
〒107-0062 東京都港区南青山6-6-22 emergence 2
電話（編集）03-6809-0452
（販売）03-6809-0495
https://www.j-n.co.jp
印刷・製本…大日本印刷株式会社

ISBN 978-4-408-33772-2（第一スポーツ）